Herausgegeben von Karlo Huck

Jürgen Gombert

Die Technik des Drechselns

Callwey

CIP-Kurztitelaufnahme der Deutschen Bibliothek
Gombert, Jürgen:
Die Technik des Drechselns / Jürgen Gombert.
[Hrsg. von Karlo Huck]. – 2., korrigierte Aufl. –
München: Callwey, 1986.
ISBN 3-7667-0806-6

2. korrigierte Auflage
© 1984 Verlag Georg D. W. Callwey, München
Umschlag   Baur und Belli Design, München
Umschlagfoto   Robert Gombert
Satz   Filmsatz Schröter GmbH, München
Druck   Pera-Druck, Gräfelfing
Bindung   Conzella, München
Printed in Germany 1986

Inhalt

Vorwort

In einer Zeit, in der Möbel oft genug aus Preßspan gefertigt werden und phantasievoller Formenreichtum vornehmlich rationeller Herstellung weichen muß, ist eines beruhigend: das Interesse am Drechseln nimmt zu. Mehr und mehr handwerklich Begabte und etliche Schreiner, die die Wünsche ihrer Kunden erfüllen wollen, lernen jene Techniken wieder neu, die das Schönste im Holz zur Geltung bringen.

Dieses Buch wendet sich an all jene, die neben etwas handwerklichem Geschick auch Freude an dem Werkstoff Holz haben und die individuelle Gestaltungsmöglichkeiten schätzen. Die Abfolge der einzelnen Kapitel entspricht der Praxis: So wie man vor dem Drehen einer Schale zunächst die Holzart überdenkt und festlegt, die Werkzeuge bereitlegt und schließlich mit dem Drehen beginnt, bis das fertige Werkstück dann poliert oder lackiert wird, werden die Arbeitsschritte beschrieben. Langjährige Erfahrung von Drechslermeistern bürgt für die praxisgerechte Darstellung der verschiedenen Techniken, und manches Mal finden sich auch Kniffe, die besonders für Ungeübte nützlich sind. Über dreihundert Abbildungen und Zeichnungen veranschaulichen das Beschriebene und gewährleisten, daß dieses Buch wirklich zu einem praktischen Lehrbuch fürs Drechseln wird. Doch nicht nur die verschiedenen Methoden des Drehens werden vorgestellt, sondern es wird auch beantwortet, wie man das Holz am besten einlagert, welche Maschinen sinnvoll sind oder wie man die Oberflächenbearbeitung fachmännisch durchführt.

In einem Anhang für gewerbliches Drechseln findet schließlich auch derjenige Rat und Anregung, der schon eine Drechslerei betreibt.

Doch obwohl für weniger Geübte Tabellen für die gebräuchlichsten Holzarten und für die Reihenfolge der einzelnen Arbeitsschritte enthalten sind, kann und soll dieses Buch freilich nicht die Unterweisung durch einen Fachmann ersetzen, sondern jene vielmehr begleiten und vertiefen.

Dafür, daß dieses Buch zustande kommen konnte, gilt der besondere Dank dem Obermeister der Drechslerinnung Nordhessen-Kassel, Herrn Robert Gombert, der dieses Buch anregte und unzählige Ratschläge gab. Autor und Herausgeber danken für seine Geduld, denn die umfangreiche Materie wollte immer wieder überprüft sein, damit sie – nicht nur für Fachleute – verständlich wurde.

Für die Mitarbeit bei der Erstellung der zahlreichen Zeichnungen sei auch Herrn Franz-Herbert Wilkowsky gedankt.

Der Dank gilt auch dem Verleger, Herrn Helmuth Baur-Callwey, der dieses Vorhaben geduldig unterstützte und sich einmal mehr dafür einsetzte, daß ein altes Handwerk fortlebt.

Es ist der Wunsch von Autor und Herausgeber, daß dieses Buch Anregungen geben möge und daß sich alte Techniken mit neuem Formempfinden vereinen; doch vor allem möge der Leser im Umgang mit Holz Freude erleben und sich dabei seiner Verantwortung für die Natur besinnen.

Jürgen Gombert, Lindenfels
Karlo Huck, Kork im Herbst 1984

Der Werkstoff Holz

Aufbau des Holzes

Holz ist ein natürlich gewachsener Werkstoff, der durch Zellteilung entsteht. Das primäre oder Längenwachstum eines Baumes vollzieht sich durch Zellteilung in den Knospen der Äste und Zweige. Die so entstandenen Austriebe verholzen allmählich.

Das sekundäre oder Dickenwachstum eines Baumes wird durch Zellteilung in einer bestimmten Schicht zwischen Rinde und Holz, dem Kambium, erzeugt, wo auch Lignin in der Zelle und deren Tochterzellen eingelagert wird. Lignin ist einer der Hauptbestandteile einer Holzzelle, der dafür verantwortlich ist, daß eine Zelle »verholzt«. Daneben enthält eine Zelle noch Zellulose, Harze, Gerbstoffe und Farbstoffe, je nach der Funktion, die sie innerhalb der Zellstruktur eines Baumes zu erfüllen hat.

Zellen leiten im Boden enthaltene Nährstoffe von den Wurzeln bis in die Baumkrone, sie speichern weiter Baustoffe, die für die Entstehung von Zellulose und Lignin notwendig sind, und haben schließlich die Aufgabe, den Baum zu stützen.

Im Unterschied zu den Laubbäumen mit Leitzellen, Speicherzellen und Stützzellen verfügen Nadelbäume nur über zwei Zelltypen: Speicherzellen und Tracheiden, die den Baum stützen und zugleich Nährstoffe weiterleiten.

Sägt man einen Stamm quer durch – diese Schnittrichtung nennt man Hirn- oder Querschnitt –, zeichnen sich bei den Hölzern der gemäßigten Klimazone recht deutlich Jahresringe ab. Jeder einzelne Jahresring hat einen helleren Teil, der im Frühjahr, und einen dunkleren Teil, der im Herbst gewachsen ist. Die hellen Holzzellen im Jahresring haben ein größeres Volumen und transportieren Nährstoffe. Die dunkleren Zellen sind kleiner und durch ihren Ligningehalt stabiler, wodurch sie einem Baum den notwendigen Halt geben.

Im Zentrum des Hirnschnitts entdeckt man die Markröhre, von der Markstrahlen bis zum äußeren Kambium ausgehen. Bei Buchen, Eichen, Platanen und Ahorn erkennt man diese Markstrahlen als glänzende Streifen.

Zu den sogenannten Kernholzbäumen gehören u. a. Kirschbaum, Pflaumen- und Nußbaum. Bei diesen Hölzern erkennt man im Hirnschnitt das dunkle Kernholz, von dem sich das weichere, umgebende Splintholz durch seine helle Farbe deutlich abhebt.

Das Kernholz der Reifholzbäume – zu dieser Gruppe zählen Linde und Birnbaum – verfärbt sich nicht dunkel, aber es unterscheidet sich von dem gleichfarbigen Splintholz durch seine Festigkeit und seinen Feuchtigkeitsgehalt.

Die Splintholzbäume schließlich bilden keinen Kern aus, sondern zeigen im Querschnitt nur Splintholz von gleichmäßiger Härte, Farbe und mit demselben Wassergehalt. Zu den Splintholzbäumen werden Birken und Aspen gerechnet.

Beim Schnitt durch die Mitte des Stammes erhält man den Radial- oder Spiegelschnitt, der die Jahresringe im rechten Winkel durchschneidet. Dabei

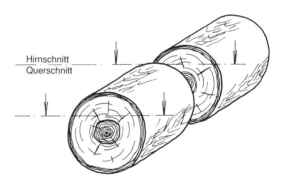

1   Hirn- oder Querschnitt durch einen Stamm

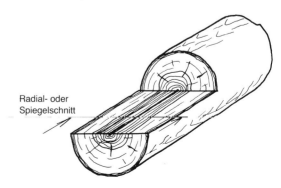

2   Radial- oder Spiegelschnitt an einem Stamm

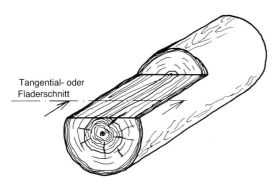

Tangential- oder
Fladerschnitt

3 Tangential- oder Fladerschnitt an einem Stamm

können die Markstrahlen als glänzende Streifen sichtbar werden, man nennt sie Spiegel. Die hellen und dunklen Streifen sind die Jahresringe.

Tangential- oder Fladerschnitt nennt man einen Längsschnitt, der nicht in der Mitte des Stammes ansetzt und die Jahresringe schräg anschneidet.

Tropische und subtropische Hölzer sind kaum ausgeprägten jahreszeitlichen Klimaschwankungen ausgesetzt wie die Hölzer der gemäßigten Zone. Aus diesem Grund findet man bei ihnen keine Jahresringe, sondern Zuwachszonen von einheitlicher Struktur wie zum Beispiel bei Mahagoni.

Die Eigenschaften des Holzes

Zu den wesentlichen Eigenschaften eines Holzes, die seine Eigenheit bestimmen, gehören:
– die Holzfeuchtigkeit
– die Zug- und Druckfestigkeit
– die Torsionsspannung
– die Scherfestigkeit
– die Härte
– die Dichte

sowie die Veränderungen eines Holzes im Geruch und bei Einwirkungen von Schall und wechselnden Temperaturen. Einige Grundkenntnisse über diese Eigenschaften sind nützlich, um die Belastung von Gebrauchsgegenständen, die man drehen möchte, einschätzen zu können und die richtige Holzart auszuwählen.

Holzfeuchtigkeit

Holz ist ein hygroskopischer Werkstoff, das heißt es nimmt bei hoher Luftfeuchtigkeit Wasser auf und dehnt sich aus, bei geringer Luftfeuchtigkeit verdunstet Wasser, und das Holz zieht sich zusammen. Die Maßdifferenzen, die sich hieraus ergeben, sind zwar gering, doch für das Drehen von Passungen

oder Zapfen können sie erhebliche Auswirkungen haben (vgl. S. 32). Deshalb ist die richtige Holzlagerung, die noch beschrieben wird, die Voraussetzung für exaktes Arbeiten (vgl. S. 33).

Wenn Holz Wasser aufnimmt, werden zunächst die Zellwände mit Feuchtigkeit angereichert (gebundenes Wasser), erst wenn diese gesättigt sind, füllen sich auch die Zellhohlräume mit Wasser (freies Wasser). Das Verhältnis der Zellwände zu Zellhohlräumen ist je nach Holzart verschieden. Diese Unterschiede stellt man bereits am Gewicht eines Holzes fest: Das leichte Balsaholz hat einen geringen Anteil von Zellwänden, während das schwerere Buchenholz einen geringen Anteil von Zellhohlräumen hat. Das Verhältnis von Zellwänden zu Zellhohlräumen bezeichnet man als Rohdichte eines Holzes.

Der Fasersättigungspunkt gibt an, bei welchem Feuchtigkeitsgrad die größtmögliche Aufnahme von gebundenem Wasser in den Zellwänden erreicht ist. Im Durchschnitt liegt der Fasersättigungspunkt bei einem Feuchtigkeitsgehalt von 30 Prozent.

Holzart	Fasersättigungspunkt (in %)
Eiche	32
Buche	31
Kiefer	25
Teak	24

Wenn der Feuchtigkeitsgehalt eines Holzes den Fasersättigungspunkt überschreitet, lagert sich das freie Wasser in den Zellhohlräumen nicht gleichmäßig ab, sondern bildet einzelne feuchte Stellen. Daher kann man in einer Bohle durchaus stark voneinander abweichende Feuchtigkeitsgrade messen.

Man bedient sich dabei verschiedener Meßmethoden: Bei dem älteren Verfahren, dem sogenannten Darren oder Trocknen, wiegt man zunächst ein feuchtes Probestück (zum Beispiel auf einer Küchenwaage). Dann wird es in einem Darrofen oder einem Backofen bei einer Temperatur von ca. 100 °C so weit getrocknet (das Wort »darren« ist im Althochdeutschen gleichbedeutend mit »dörren«), bis sein Gewicht konstant bleibt, denn darrtrockenes oder absolut trockenes Holz verändert auch bei weiterem Darren sein Gewicht nicht mehr. Mittels der Gleichung

$$\frac{\text{Naßgewicht} - \text{Trockengewicht}}{\text{Trockengewicht}} \times 100\%$$

4 Ansetzen der Meßelektroden

5 Messen der Holzfeuchtigkeit

errechnet man die Holzfeuchtigkeit in Prozent. Durch vergleichendes Wiegen erzielt man zwar das genaueste Ergebnis für die Holzfeuchtigkeit, doch in der Praxis ist dieses Verfahren zu aufwendig. Zweckmäßiger ist es, anhand des elektrischen Widerstandes die Holzfeuchtigkeit zu messen.

Ein Meßgerät für die Holzfeuchtigkeit sollte vier Anforderungen genügen:

– die Skala der Anzeige sollte von 5 bis 60 Prozent Feuchtigkeit reichen
– die verschiedenen Holzgruppen und unterschiedlichen Rohdichteklassen müssen wählbar sein, denn die Rohdichte beeinflußt die Leitfähigkeit
– die Außentemperatur, bei der die Messung vorgenommen wird, sollte am Gerät einstellbar sein
– die gleichbleibende Stromversorgung des Gerätes sollte kontrollierbar sein, um Fehlmessungen zu vermeiden.

Die Messung wird mittels der beiden Elektroden vorgenommen, deren Spitzen quer zur Faserrichtung möglichst bis zur Mitte eines Werkstückes eingeschlagen werden, um den Stromfluß und den elektrischen Widerstand zwischen den Elektroden zu ermitteln. Zumindest sollte man die Elektroden bis zu einem Drittel der Dicke eines Werkstückes einschlagen, weil äußere Schichten bereits abgetrocknet sein und das Ergebnis verfälschen können. Am Meßgerät wird die Außentemperatur und die jeweilige Holzart durch einen Gruppenwahlschalter eingestellt. Eine entsprechende Tabelle, die die Zuordnung der Hölzer zu einer Gruppe enthält, liegt den Geräten bei. Den jeweiligen Feuchtigkeitsgrad liest man auf der Geräteskala ab.

Zug- und Druckfestigkeit

Die Festigkeit eines Holzes verändert sich nicht nur durch die Art der Belastung, sondern hängt auch von der Holzart, der Rohdichte, dem Feuchtigkeitsgehalt oder dem Ligningehalt ab. Ferner beeinträchtigen Wuchsfehler oder Äste die Festigkeit. Die Zugfestigkeit ist im allgemeinen bei einer Holzfeuchtigkeit von 8 bis 10 Prozent am größten. Wichtig ist auch der Faserverlauf: sind die Fasern parallel zur Zugrichtung, ist die Festigkeit größer; schon bei einem Winkel von 15° zwischen Faser- und Zugrichtung ist die Zugfestigkeit nur noch halb so groß wie bei paralleler Ausrichtung.

Für die Druckfestigkeit eines Holzes ist die Rohdichte der bestimmende Faktor. So erreichen Eiche, Nußbaum, Wenge oder Bongossi höhere Festigkeitswerte entsprechend ihrer hohen Rohdichte. Höhere Druckfestigkeit stellt sich aber auch durch Trocknen ein oder wenn ein Holz viel Lignin enthält.

Torsionsspannung

Torsionsspannung tritt auf, wenn beispielsweise ein Rundstab auf der einen Seite eingespannt und am freien Ende gedreht wird. Dies ist insbesondere beim Herstellen von Rundstäben mit dem Handdübelfräser spürbar.

Knick- und Biegefestigkeit

Wenn Rundstäbe gedreht werden, dürfen sie nicht durch Längsdruck nach einer Seite knicken. Lange, dünne Stäbe knicken freilich schneller ein als kurze Stäbe mit großem Querschnitt. Säulen, Pfosten, Stäbe oder Stützen für Treppen, Geländer und Gesimse müssen deshalb ausreichend dick sein. Darüber hinaus beeinflussen Holzart und Holzfeuchtigkeit die Knickfestigkeit wie auch die Biegefestigkeit. Von Biegefestigkeit spricht man, wenn ein Werkstück nicht eingespannt ist, so zum Beispiel Kleiderstangen, die belastet werden. Auch hierfür ist ein ausreichender Durchmesser zu wählen.

Scherfestigkeit

Vor allem bei Zapfen, die häufig als Verbindungselement verwendet werden, bestimmt die Scherfestigkeit eines Holzes die Stabilität der Verbindung. Ein anschauliches Beispiel für Scherbeanspruchung, bei der Kräfte in einer Ebene auf einen Zapfen einwirken, bietet eine Kinderwiege. Der Zapfen, an dem der Wiegenkorb beweglich am Wiegenpfosten aufgehängt ist, wird durch das Gewicht des Wiegenkorbes auf Abscherung belastet.

Härte

Mit bloßen Händen kann man feststellen, welchen Widerstand ein Holz aufbringt, wenn man versucht, es einzuritzen, und ob es sich um ein weiches, mittelhartes oder hartes Holz handelt. Eine einfache Fingernagelprobe ermöglicht mit weiteren Merkmalen wie Holzfarbe, Gewicht, Porenanordnung und -anzahl eine erste ungefähre Bestimmung einer unbekannten Holzart, sicher kann man dadurch bereits die Holzfamilie bestimmen.

Rohdichte

Für jedes Holz wird stets die Rohdichte angegeben, welche das Verhältnis zwischen der Masse der Zellwandsubstanzen und der Masse des restlichen Holzvolumens einschließlich der Zellhohlräume anzeigt. Die Rohdichte differiert allerdings nicht nur je nach Holzart, auch innerhalb eines Baumstammes können unterschiedliche Rohdichten auftreten, die in Tabellen zur Rohdichte durch einen minimalen, einen mittleren und einen maximalen Rohdichtewert berücksichtigt werden.

Die Rotbuche ist zum Beispiel wegen ihrer großen Rohdichte sehr gut mit scharfem Werkzeug zu drehen, wenn man einen geringen Span abnimmt. Die Lärche mit geringer Rohdichte neigt zum Ausreißen.

Geruch

Beim Arbeiten an der Drehbank wird man rasch bemerken, daß jede Holzart auch durch ihren typischen Geruch bestimmt werden kann. Wenn man nach dem Drehen an einigen frischen Spänen riecht, lassen sich die verschiedenen Düfte, die von den ätherischen Ölen im Holz ausgehen, recht sicher zuordnen. Nicht immer jedoch sind diese Düfte angenehm: Bei manchen Holzarten rufen sie sogar Schwächegefühle, Kopfschmerzen, Hautausschläge oder Niesreiz hervor.

Die Holzarten

In einer Jahrtausende währenden Entwicklung haben sich unzählige Bäume den jeweiligen Wachstumsbedingungen und Klimazonen angepaßt. In Afrika allein gibt es etwa 3000 Holzarten, von denen jedoch nur etwa 150 genutzt werden und noch weniger zum Drechseln geeignet sind. So gibt es zum Beispiel über 500 Arten der Gattung Quercus (lateinisch für Eiche), von denen nur etwa dreißig nutzbar sind.

Die folgende Tabelle soll einen Überblick über die wichtigsten Drechslerhölzer geben, doch die Liste der gebräuchlichen Hölzer ändert sich ständig, weil manche durch Raubbau oder Handelshemmnisse vom Markt verschwinden, andere kommen auf Grund wirtschaftlicher Vorteile oder wissenschaftlicher Erkenntnisse hinzu; diese Übersicht kann daher keinen Anspruch auf Vollständigkeit erheben.

Die hier aufgeführten Namen sind die gebräuchlichen Handelsnamen, doch gelegentlich werden im Handel auch Namen aus dem Ursprungsland angegeben, die hier berücksichtigt werden. Die Tabelle soll die Wahl einer Holzart für bestimmte Drechslerarbeiten erleichtern und die eindeutige Klassifizierung eines Holzes ermöglichen, die selbst Fachleuten mitunter Probleme bereitet und dann nur durch eine mikroskopische Analyse letztlich geklärt werden kann.

Holzname	Fichte	Kiefer
weitere Handelsnamen	Rotfichte, Europäische Fichte, Föhre	Weißkiefer, Föhre, Forche, im Süden: Pinie
DIN-Kurzzeichen	FI	KI
Herkunft	Mittel- und Nordeuropa, USA	Europa, nördl. Asien
Aussehen		
Splintholz	kein farblicher Unterschied	rotgelb
Kernholz		deutlich abgegrenzt, dunkelgelb bis rot-braun, anfangs heller
Sonstiges	im Jahresring fast weißes Frühholz, gelb-rotes, einseitig abgegrenztes Spätholz	
Eigenschaften		
Härte	mäßig	mäßig
Schwund	mäßig	mäßig
Neigung zum Reißen	keine	keine
Geruch	harzig	harzig
Verfärbung bei Tageslicht	nachdunkelnd, dabei zunehmende Farbsättigung	nachdunkelnd, doch Farben bleiben erhalten
Verfärbung bei Kontakt mit Eisen	schwach grau	schwach grau
mit Kupfer/Messing	keine	keine
Sonstiges	frisch sehr harzig, gut zu trocknen	starke Neigung zum Werfen und Verziehen, bläueempfindlich
Hinweise zur Verarbeitung	schwierig zu drehen, da langfaserig; durch hohen Harzgehalt Verunreinigung der Werkzeuge	schwierig zu drehen, da langfaserig, erhebliche Härteunterschiede zwischen Früh- und Spätholz; durch hohen Harzgehalt Verunreinigung der Werkzeuge, negatives Beizbild
Eignung für bestimmte Drechselarbeiten	eventuell Säulen, insgesamt wenig geeignet	Schalen, da Farbunterschiede zwischen Früh- und Spätholz sehr dekorativ sind

Holzname	Lärche	Agba
weitere Handelsnamen	Europäische Lärche, Sibirische Lärche, Japanische Hondo-Lärche	Tola, Tola branca
DIN-Kurzzeichen	LA	AGB
Herkunft	Mitteleuropa, Sibirien, Japan	West- und Zentralafrika
Aussehen		
Splintholz	schmal, rotweiß	breit, rötlichgrau bis hellbraun
Kernholz	gelbbraun bis rotbraun	kaum dunkler als Splintholz, gelbbraun, Spätholz matt rötlich
Sonstiges	Kernholz dunkelt stark nach	hellfarbiges Holz mit gleichmäßiger Textur
Eigenschaften		
Härte	gering, Spätholz hart	mäßig
Schwund	gering	mäßig
Neigung zum Reißen	keine	mäßig
Geruch	harzig	aromatisch
Verfärbung bei Tageslicht	nachdunkelnd, zunehmende Farbsättigung	wenig nachdunkelnd
Verfärbung bei Kontakt mit Eisen	blau-grau	schwach grau
mit Kupfer/Messing	keine	schwach graubraun
Sonstiges	neigt zum Verziehen, gut zu trocknen, witterungsbeständig	gut und schnell zu trocknen, witterungsbeständig
Hinweise zur Verarbeitung	wenig geeignet wegen großer Härteunterschiede zwischen Früh- und Spätholz, daher werden Frühholzbereiche zu stark abgeschliffen, bei unscharfem Werkzeug Ausrißgefahr im Frühholz besonders beim Hirnholzdrehen, rasches Verharzen der Werkzeuge	schlecht zu verleimen bei feuchtem Holz, vor dem Polieren ist mit Porenfüller zu arbeiten, gut beizbar, daher oft Ersatz für andere Hölzer, vor Oberflächenbearbeitung mit Lösungsmittel vorzubehandeln wegen starkem Harzaustritt; ruft vereinzelt Hautreizungen hervor
Eignung für bestimmte Drechselarbeiten	keine	geeignet als Nußbaumersatz, für Vollholzprofile bei Stilmöbeln und für Möbelfüße

Holzname	Ahorn	Birke
weitere Handelsnamen	Bergahorn, Spitzahorn, Maple	Weißbirke, Gemeine Birke
DIN-Kurzzeichen	AH	BI
Herkunft	Mittel- und Südeuropa, Kleinasien	Europa, nördl. Asien
Aussehen		
Splintholz	gelblich-weiß	weiß bis blaßrot
Kernholz	blaßgelb bis hellbraun	kein farblicher Unterschied
Sonstiges	Splint- und Kernholz sind kaum zu unterscheiden	
Eigenschaften		
Härte	hart	mittelhart
Schwund	mäßig	mäßig
Neigung zum Reißen	ja	stark
Geruch	schwach herb	angenehm, nach Bienenwachs
Verfärbung bei Tageslicht	neigt zum Vergilben und dunkelt nach	nachdunkelnd
Verfärbung bei Kontakt mit Eisen	wahrscheinlich	nicht bekannt
mit Kupfer/Messing	wahrscheinlich	nicht bekannt
Sonstiges	neigt zum Verziehen, langsam und vorsichtig zu trocknen	neigt zum Werfen, langsam und vorsichtig zu trocknen
Hinweise zur Verarbeitung	sehr geeignet, einfach zu drehen, ebenso einfache Oberflächenbehandlung	sehr geeignet, besonders gut zu polieren und zu lackieren
Eignung für bestimmte Drechselarbeiten	einfach zu profilieren, für Holzschalen und Dosen ist Vogelaugenahorn wegen seiner schönen Textur besonders geeignet, geriegelter Ahorn ergibt dekorative Schalen und Teller	leicht von Hand zu drehen, geflammte finnische Birke weist sehr schöne Textur auf, durch Beizen kann Nußbaum oder Mahagoni imitiert werden

Holzname	Birnbaum	Bubinga
weitere Handelsnamen		Keazingo, Owenka
DIN-Kurzzeichen	BB	BUB
Herkunft	Mittel- und Südeuropa, Vorderasien	West- und Zentralafrika
Aussehen		
Splintholz	blaß, rötlichbraun	bis 5 cm breit, rötlich bis rosagrau
Kernholz	kein Unterschied zum Splintholz	rotbraun bis rotviolett, mit schmalen dunkelroten Adern durchsetzt
Sonstiges	Wachstumszonen deutlich zu unterscheiden	
Eigenschaften		
Härte	hart und spröde	sehr hart
Schwund	mäßig	mäßig
Neigung zum Reißen	ja	mäßig
Geruch	schwach herb	säuerlich
Verfärbung bei Tageslicht	nachdunkelnd, nimmt zunehmend braune Farbe an	Kernholz dunkelt nach und wird rotbraun
Verfärbung bei Kontakt mit Eisen	schwach grau	schwach grau
mit Kupfer/Messing	keine	teilweise schwach braun
Sonstiges	neigt zum Werfen, sehr langsam und vorsichtig zu trocknen	vorsichtig und langsam zu trocknen
Hinweise zur Verarbeitung	einfach zu drehen, zu schnitzen, zu polieren und problemlos zu lackieren	sehr gut zu polieren, allgemein geeignet
Eignung für bestimmte Drechselarbeiten	besonders geeignet für Holzgewinde, gedämpft erhält das Holz eine schöne rote Farbe, durch Beizen und Schwarzpolieren als Ebenholzersatz verwendbar	durch das schöne Holzbild besonders für dekorative Stücke geeignet, die Bezeichnung Afrikanisches Rosenholz ist falsch

Holzname	Buche	Buchsbaum
weitere Handelsnamen	Rotbuche	keine
DIN-Kurzzeichen	BU	BUC
Herkunft	Nord- und Mitteleuropa	Nordafrika, Südeuropa, Vorderer Orient
Aussehen		
Splintholz	rötlichweiß	schmal, blaß gelb, nur bei feuchtem Holz deutlich sichtbar
Kernholz	kein farblicher Unterschied	hell, gelbgrün bis bräunlich, Zuwachszonen teilweise rötlich abgesetzt
Sonstiges	Früh- und Spätholz gut voneinander zu unterscheiden, bei irregulärer Verkernung innen rotbraun	
Eigenschaften		
Härte	hart	sehr hart
Schwund	stark	stark
Neigung zum Reißen	ja	stark
Geruch		
Verfärbung bei Tageslicht	leicht nachdunkelnd	wenig nachdunkelnd
Verfärbung bei Kontakt mit Eisen	grau	grau
mit Kupfer/Messing	nicht bekannt	nicht bekannt
Sonstiges	neigt zum Werfen, pilz- und insektenanfällig, leicht und schnell zu trocknen	langsam und vorsichtig zu trocknen, nicht witterungsbeständig
Hinweise zur Verarbeitung	gut geeignet, leicht zu drehen, problemlos zu beizen, zu polieren und zu lakkieren	gut zu profilieren und zu polieren, da es dabei nicht ausbricht; ruft gelegentlich entzündliche Hautreizungen und Bronchialasthma hervor
Eignung für bestimmte Drechselarbeiten	beim Langholzdrehen gut zu profilieren, besonders fürs Automatendrehen geeignet, durch Dämpfen kann der rote Farbton intensiviert werden	sehr gut für Schachfiguren geeignet, bei denen es auf feine Profilierungen ankommt

Holzname	Cocobolo	Cocuswood
weitere Handelsnamen	keine	Cocus
DIN-Kurzzeichen	COC	CUS
Herkunft	Zentralamerika	Zentralamerika
Aussehen		
Splintholz	unregelmäßig breit, hellgelb bis weiß	sehr schmal, blaßgelb
Kernholz	gelb bis dunkelorange	oliv- bis graubraun
Sonstiges		
Eigenschaften		
Härte	sehr hart	sehr hart
Schwund	mäßig	mäßig
Neigung zum Reißen	stark	ja
Geruch	aromatisch	
Verfärbung bei Tageslicht	stark nachdunkelnd, Kernholz nimmt rote bis rotbraune Färbung an	stark nachdunkelnd, Kernholz verfärbt dunkelbraun
Verfärbung bei Kontakt mit Eisen	nicht bekannt	nicht bekannt
mit Kupfer/Messing	nicht bekannt	nicht bekannt
Sonstiges	langsam und vorsichtig zu trocknen, nimmt getrocknet fast kein Wasser mehr auf, stark ölhaltig, daher witterungsbeständig, neigt stark zum Werfen	hat nichts mit dem Holz der Kokospalme gemein
Hinweise zur Verarbeitung	mit scharfem Werkzeug gut zu bearbeiten, bleibt wegen des hohen Ölgehaltes meist unbehandelt, Lackierung aber außer mit Kunstharzlacken möglich, bereits geringe Mengen des Holzstaubes rufen entzündliche Hautreizungen und Ekzeme hervor, schwer zu verleimen	gut zu drehen, sehr gut zu polieren, ruft vereinzelt entzündliche Hautreizungen und allergische Reaktionen hervor
Eignung für bestimmte Drechselarbeiten	vorwiegend für Griffe und Knöpfe, Aussehen ähnelt dem Palisander, meist nur in kleinen Abschnitten erhältlich	

Holzname	Ebenholz	Ebenholz
weitere Handelsnamen	Macassar	Asiatisches Ebenholz, Schwarzes Ebenholz, Ceylon-Ebenholz, Indisches Ebenholz
DIN-Kurzzeichen	EBM	EBE
Herkunft	Südostasien, Indonesien	Südostasien
Aussehen		
Splintholz	breit, schwach rotbraun bis hellrot-grau	breit, weiß bis blaßgrau mit schwarzen Streifen
Kernholz	deutlich abgegrenzt, schwarz, von rotbraunen bis graubraunen Streifen unterbrochen	deutlich abgegrenzt, bei Ceylon-Ebenholz blau- bis braunschwarz, bei Indischem Ebenholz schwarzgrün mit dunkelbraunen bis dunkelroten Streifen
Sonstiges		
Eigenschaften		
Härte	sehr hart	sehr hart
Schwund	mäßig	mäßig
Neigung zum Reißen	mäßig	mäßig
Geruch	nicht eindeutig zu bestimmen	nicht eindeutig zu bestimmen
Verfärbung bei Tageslicht	keine, sehr farbbeständig	keine, sehr farbbeständig
Verfärbung bei Kontakt mit Eisen	nicht erkennbar	nicht erkennbar
mit Kupfer/Messing	nicht erkennbar	nicht erkennbar
Sonstiges	witterungsbeständig, sehr schwierig zu trocknen, nicht der direkten Sonneneinstrahlung auszusetzen	witterungsbeständig, sehr schwierig zu trocknen, nicht der direkten Sonneneinstrahlung auszusetzen
Hinweise zur Verarbeitung	gut zu drehen, teilweise schlecht zu lackieren	gut zu drehen, teilweise schlecht zu lackieren, sehr gut geeignet für Oberflächenbearbeitung und Polieren; wegen unregelmäßigem Faserverlauf ist nur geringer Span abzunehmen; ruft vereinzelt entzündliche Hautreizungen und Ekzeme hervor
Eignung für bestimmte Drechselarbeiten	wegen seiner dekorativen Zeichnung oft verwendet für hochwertige Möbel und Vertäfelungen	Knöpfe, Griffe, Trommelstöcke, Schirmgriffe, Spazierstöcke, Schachfiguren und Spielsteine, oft in der Kunsttischlerei verwendet

Holzname	Ebenholz	Eiche
weitere Handelsnamen	Afrikanisches Ebenholz	Stieleiche, Sommereiche, Trauben-eiche, Wintereiche
DIN-Kurzzeichen	EBE	EI
Herkunft	Tropen Afrikas	Europa
Aussehen		
Splintholz	breit, rötlichgrau bis graubraun	schmal, etwa 2,5 bis 5 cm breit, gelblich-weiß
Kernholz	dunkelschwarzbraun bis schwarz, teil-weise mit gelblich-orangefarbenen Streifen	hellbraun bis graubraun
Sonstiges	deutliche Abgrenzung zwischen Kern-Splintholz	
Eigenschaften		
Härte	sehr hart	hart bis sehr hart
Schwund	mäßig	mäßig
Neigung zum Reißen	mäßig	ja
Geruch	nicht eindeutig zu bestimmen	säuerlich
Verfärbung bei Tageslicht	keine, sehr farbbeständig	Kernholz dunkelt stark nach
Verfärbung bei Kontakt mit Eisen	nicht erkennbar	blaugrau
mit Kupfer/Messing	nicht erkennbar	schwach bräunlich
Sonstiges	witterungsbeständig, sehr schwierig zu trocknen, nicht der direkten Sonnenein-strahlung auszusetzen	sehr vorsichtig und langsam zu trocknen bei langen Trockenzeiten
Hinweise zur Verarbeitung	gut zu drehen, teilweise schlecht zu lak-kieren	nur das Kernholz kann verarbeitet wer-den, nur mit besonders scharfem Werk-zeug zu drehen, dabei bricht ein kurzer, schmaler Span, schlecht mit Wasserbei-ze zu beizen, schlecht zu polieren, we-gen der enthaltenen Gerbsäuren wer-den Handflächen schwarz gefärbt, durch Räuchern und Kalken werden gu-te Effekte erzielt
Eignung für bestimmte Drechselarbeiten	sehr dekorative Zeichnung für hoch-wertige Arbeiten	Mooreiche ist wegen seiner besonderen Textur für Dosen und Teller hervorra-gend geeignet

Holzname	Erle	Esche
weitere Handelsnamen	Rote Erle, Schwarzerle	Gemeine Esche, Amerikanische Esche
DIN-Kurzzeichen	ER	ES/ESA
Herkunft	Europa	Europa, westl. Asien, südöstliches Nordamerika
Aussehen		
Splintholz	blaß, rötlich-gelb	breit, weiß
Kernholz	kein Unterschied zu Splintholz	grau bis braun, teilweise rötlich
Sonstiges	Hirnflächen des Holzes sind nach dem Fällen auffällig orangerot	bei jungen Bäumen fast keine Farbunterschiede zwischen Kern- und Splintholz
Eigenschaften		
Härte	weich	sehr hart
Schwund	mäßig	mäßig
Neigung zum Reißen	ja	ja
Geruch	herb säuerlich	süßlich aromatisch
Verfärbung bei Tageslicht	stark nachdunkelnd mit auffälliger Farbveränderung	leicht nachdunkelnd
Verfärbung bei Kontakt mit Eisen	schwach grau	grau
mit Kupfer/Messing	keine	keine
Sonstiges	leicht und schnell zu trocknen, trockenes Holz sehr anfällig für Holzwurmbefall	vorsichtig zu trocknen wegen Rißbildung
Hinweise zur Verarbeitung	sehr leicht zu drehen und gut zu profilieren, gut zu beizen, zu polieren, zu lackieren und zu schleifen	gut zu drehen, im Möbelhandel findet man oft die Bezeichnung Sen-Esche, doch Sen ist keine Esche, ähnelt ihr aber im Aussehen
Eignung für bestimmte Drechselarbeiten	besonders für Anfänger geeignet, nicht für Drehautomaten geeignet	infolge der Biegefestigkeit für Werkzeugstiele geeignet, früher oft in der Wagnerei eingesetzt, Olivesche wegen des besonderen Dekors für Schalen und Teller geeignet

Holzname	Grenadill	Iroko
weitere Handelsnamen	Grenadillo	Kambala, Muule
DIN-Kurzzeichen		IRO
Herkunft	tropisches Ostafrika	tropisches Afrika
Aussehen		
Splintholz	sehr schmal, bräunlich bis gelbweiß	bis zu 10 cm breit, gelblichgrau
Kernholz	dunkelpurpur bis schwarzviolett	grünlichgelb bis grau
Sonstiges		
Eigenschaften		
Härte	außerordentlich hart	hart
Schwund	gering	mäßig
Neigung zum Reißen	mäßig	mäßig
Geruch	rosenähnlich	
Verfärbung bei Tageslicht	nicht bekannt	nachdunkelnd, Kernholz nimmt goldbraune bis dunkelolivbraune Färbung an
Verfärbung bei Kontakt mit Eisen	nicht bekannt	schwach grau
mit Kupfer/Messing	nicht bekannt	keine
Sonstiges	witterungsbeständig, vorsichtig und langsam zu trocknen, trockenes Holz nimmt fast kein Wasser mehr auf	sehr witterungsbeständig, langsam zu trocknen
Hinweise zur Verarbeitung	schwer und nur mit sehr scharfem Werkzeug zu drehen; ruft vereinzelt entzündliche Hautreizungen auch Bindehautentzündungen hervor	nicht gut zu lackieren, Werkzeuge werden rasch stumpf; ruft gelegentlich entzündliche Hautreizungen und Bronchialasthma hervor
Eignung für bestimmte Drechselarbeiten	geeignet für kleinere Gegenstände, zum Beispiel eingearbeitete Ringe an Dosenrändern, allgemein gute Formbeständigkeit, neben Ebenholz das dunkelste Holz, wird fast ausschließlich in der Drechslerei verarbeitet	keine

Holzname	Kapur	Kirschbaum
weitere Handelsnamen	Empedu, Keladan	Vogel-, Waldkirsche, Deutscher/Italienischer/Französischer Kirschbaum
DIN-Kurzzeichen	KPR	KB
Herkunft	Südostasien	Europa
Aussehen		
Splintholz	schmal, gelb bis braungrau	schmal, gelb bis rötlichweiß
Kernholz	rötlich-braun, wechselnd hell bis dunkel	gelb oder in frischem Zustand hell rötlichbraun
Sonstiges	Kern- und Splintholz sind deutlich abgegrenzt	
Eigenschaften		
Härte	hart	mittel
Schwund	mäßig	mäßig bis stark
Neigung zum Reißen	stark	gering
Geruch	angenehm aromatisch	süßlich
Verfärbung bei Tageslicht	nachdunkelnd, Kernholz nimmt rotbraune Färbung an	stark nachdunkelnd; nimmt rötlichen bis goldbraunen Farbton an
Verfärbung bei Kontakt		
mit Eisen	dunkelgraue Flecken	grau
mit Kupfer/Messing	nicht bekannt	schwach grau
Sonstiges	vorsichtig zu trocknen	neigt zum Werfen, mäßig gut zu trocknen, bei natürlicher Trocknung im Holzstapel einmal jährlich umzustapeln
Hinweise zur Verarbeitung	wegen großporiger Oberfläche schwierig zu polieren	gut zu drehen, gut bis mäßig zu polieren, leicht zu schleifen; durch Behandlung mit Alkalien läßt es sich nachdunkeln, und man erzielt eine herrliche Textur
Eignung für bestimmte Drechselarbeiten	dient als Ersatz für Iroko	früher oft für Spinnräder verwendet

Holzname	Linde	Nußbaum
weitere Handelsnamen	Sommerlinde, Winterlinde	Französischer/Amerikanischer Nußbaum, Kaukasischer Nußbaum
DIN-Kurzzeichen	LI	NB/NBA
Herkunft	Europa	Süd- und Mitteleuropa, Nordindien, östl. Nordamerika
Aussehen		
Splintholz	breit, gelblichweiß	unterschiedlich breit, hellgrau
Kernholz	von Splintholz farblich kaum zu unterscheiden	mattbraun, von breiten dunklen Adern durchzogen
Sonstiges	seidig glänzend	Französischer Nußbaum: rötlicher Schimmer im Kern; Amer. Nußbaum: violette Färbung des Kerns
Eigenschaften		
Härte	weich	mäßig
Schwund	mäßig	mäßig (Amer. Nußbaum: stark)
Neigung zum Reißen	ja	gering
Geruch	ölig	säuerlich
Verfärbung bei Tageslicht	nachdunkelnd, auffällige Farbveränderung	nachdunkelnd, deutliche Farbveränderung
Verfärbung bei Kontakt mit Eisen	teilweise schwach grau	grau
mit Kupfer/Messing	keine	keine
Sonstiges	langsam zu trocknen, anfällig für Holzwurmbefall	gut zu trocknen
Hinweise zur Verarbeitung	gut geeignet zum Drechseln und Schnitzen, einfach zu lackieren, einfache Oberflächenbehandlung	gut geeignet zum Drechseln, gut zu polieren und problemlos zu beizen und zu lackieren
Eignung für bestimmte Drechselarbeiten	besonders für Anfänger geeignet	bei ausgesuchten Hölzern sehr schöne Textur, daher für Dosen und Schalen zu empfehlen

Holzartentabelle

	Muhuhu	Padouk
Holzname	Muhuhu	Padouk
weitere Handelsnamen		Afrikanisches Padouk, Camwood, Rotsandelholz, Burma-Padouk (PBA), Andaman-Padouk, Korallenholz
DIN-Kurzzeichen	MUU	PAF
Herkunft	Ostafrika	Westafrika
Aussehen		
Splintholz	schmal, gelblichweiß	breit, gelblichweiß; Burma-Padouk: rötlichgelb; Andaman-Padouk: karmesinrot mit dunklen Farbstreifen
Kernholz	mattgelb bis braun, Spätholzzonen heben sich dunkel ab	leuchtend purpurrot
Sonstiges		
Eigenschaften		
Härte	sehr hart	sehr hart
Schwund	mäßig	mäßig
Neigung zum Reißen	keine bis gering	ja
Geruch	unangenehm süßlich	scharf, reizend
Verfärbung bei Tageslicht	nachdunkelnd	nachdunkelnd, Kernholz nimmt dabei orange- bis rotbraune Farbe an
Verfärbung bei Kontakt mit Eisen	nicht bekannt	nicht bekannt
mit Kupfer/Messing	nicht bekannt	nicht bekannt
Sonstiges	witterungsfest, schnell und gut zu trocknen	sehr langsam und schonend zu trocknen, starke Reizung der Schleimhäute
Hinweise zur Verarbeitung	wird bisher nur wenig importiert, bei Holzgroßhändlern sind Holzabschnitte erhältlich	mit scharfem Werkzeug zu bearbeiten, nur geringen Span abnehmen, da das Werkzeug durch Wechseldrehwuchs beim Drehen springen kann, vor dem Polieren sind die Poren mit Porenfüller zu schließen
Eignung für bestimmte Drechselarbeiten		für anspruchsvolle Werkstücke

Holzname	Palisander	Ostindischer Palisander
weitere Handelsnamen	Rio-Palisander, Jacaranda	Indisches Rosenholz
DIN-Kurzzeichen	PRO	POS
Herkunft	Südost-Brasilien, Uruguay	Vorderindien, Java, Indonesien
Aussehen		
Splintholz	breit, weiß	schmal, gelbweiß
Kernholz	hellrot bis schokoladen-, teilweise violett-braun, mit unregelmäßigen schwarzen Zonen gestreift	dunkelrosabraun bis violettbraun, schwarzviolette Streifen
Sonstiges		Kern- und Splintholz deutlich abgegrenzt
Eigenschaften		
Härte	sehr hart	hart
Schwund	gering	gering
Neigung zum Reißen	stark	mäßig
Geruch	angenehm süßlich	scharf, aromatisch
Verfärbung bei Tageslicht	nachdunkelnd, Grundfärbung bleibt erhalten	sehr stark nachdunkelnd, Kernholz kann purpurbraune Farbe annehmen
Verfärbung bei Kontakt		
mit Eisen	blaugrau	schwach grau
mit Kupfer/Messing	keine	keine
Sonstiges		
Hinweise zur Verarbeitung	einfache Oberflächenbehandlung; ruft vereinzelt Hautreizungen hervor	einfache Oberflächenbehandlung; Holzstaub kann unangenehme Hautreizungen hervorrufen
Eignung für bestimmte Drechselarbeiten	Schachfiguren, Knöpfe, dekorative Kleinteile	Schachfiguren, Knöpfe, dekorative Kleinteile, da äußerst schöne Textur

Holzname	Pappel	Partridge
weitere Handelsnamen	Asphe, Grau-, Schwarz-, Weiß-, Silber-pappel	Cochenille
DIN-Kurzzeichen	PA	PDG
Herkunft	Europa, Vorderasien, Sibirien	tropisches Südamerika
Aussehen		
Splintholz	weiß bis grauweiß	schmal, blaßgelb
Kernholz	Schwarzpappel: hellbraun; Silberpappel: rötlichgelb bis gelbbraun	kaffeebraun, mit Kernstoffen gefüllte Poren sichtbar
Sonstiges	undeutliche, breite Jahresringe	Zuwachszonen nicht zu erkennen
Eigenschaften		
Härte	weich	sehr hart
Schwund	mäßig	mäßig
Neigung zum Reißen	gering	gering
Geruch	leicht bitter	
Verfärbung bei Tageslicht	keine, kann bei Tageslicht auffallend glänzen	keine
Verfärbung bei Kontakt mit Eisen	nicht bekannt	nicht bekannt
mit Kupfer/Messing	nicht bekannt	nicht bekannt
Sonstiges	langsam zu trocknen, da sonst starke Verwerfungen auftreten, sehr leichtes Holz, beim Lagern pilz- und insekten-anfällig	witterungsfest
Hinweise zur Verarbeitung	nur scharfe Werkzeuge verwenden, Oberfläche kann beim Drehen wollig bleiben, gut zu beizen, aber schlecht zu polieren	gut zu drehen und zu polieren
Eignung für bestimmte Drechselarbeiten	für Werkstücke minderer Qualität geeignet, im Formenbau können daraus Urformen gedreht werden	Griffe, Messerrücken etc.

Holzname	Pernambuc	Pflaumenbaum
weitere Handelsnamen	Pernambuco, Fernambuc, Brasilholz	
DIN-Kurzzeichen	PNB	keines
Herkunft	östliches Südamerika	Europa
Aussehen		
Splintholz	schmal, gelblichweiß	schmal, gelblich
Kernholz	orangerot bis gelb, teilweise dunkelrot	rotbraun bis violett
Sonstiges		im Kern Farbunterschiede zwischen älterem Holz (dunkelviolettbraun) und jüngerem Holz (rosabraun)
Eigenschaften		
Härte	sehr hart	hart
Schwund	gering	gering bis mäßig
Neigung zum Reißen	gering	sehr stark
Geruch	beißend scharf	süßlich
Verfärbung bei Tageslicht	nachdunkelnd	nachdunkelnd, violette Farbanteile werden braun
Verfärbung bei Kontakt mit Eisen	nicht bekannt	keine
mit Kupfer/Messing	nicht bekannt	keine
Sonstiges	witterungsbeständig	wegen starker Rißgefahr nicht künstlich zu trocknen
Hinweise zur Verarbeitung	gut zu drehen, zu polieren und zu lakkieren, im Holzhandel nur selten und in geringen Mengen erhältlich; ruft gelegentlich Hautreizungen hervor	gut zu drehen, zu polieren und zu lakkieren, im Holzhandel fast nicht erhältlich, vornehmlich von Privat zu kaufen
Eignung für bestimmte Drechselarbeiten		durch dekorative Maserung für Kleinteile geeignet, früher oft für Spinnräder verwendet

Holzname	Platane	Pockholz
weitere Handelsnamen		
DIN-Kurzzeichen	PLT	POH
Herkunft	Europa, Nordamerika	Mittel- und nördliches Südamerika
Aussehen		
Splintholz	gelblich	schmal, hellgelb
Kernholz	grau-rötlichbraun	grün- bis hellolivbraun
Sonstiges	Kernholz nur undeutlich vom Splintholz abgesetzt	deutliche Abgrenzung zwischen Kern- und Splintholz
Eigenschaften		
Härte	sehr hart	sehr hart
Schwund	mäßig	sehr stark
Neigung zum Reißen	mäßig	stark
Geruch	kein eigentümlicher Geruch	unangenehm
Verfärbung bei Tageslicht	nachdunkelnd	nachdunkelnd, Kernholz verfärbt sich grüngelb bis grünbraun
Verfärbung bei Kontakt mit Eisen	dunkle Flecken	keine
mit Kupfer/Messing	dunkle Flecken	keine
Sonstiges	vorsichtig zu trocknen	schwierig zu trocknen, dabei Harzausfluß
Hinweise zur Verarbeitung	gut und einfach zu drehen, zu beizen und zu polieren	nur geringer Span abzunehmen, da ausgeprägter Wechseldrehwuchs vorhanden, gut zu drehen, schlecht zu verleimen; ruft vereinzelt entzündliche Hautreizungen und Asthma hervor
Eignung für bestimmte Drechselarbeiten	gutes Drechslerholz, besonders zum Langholzdrehen und Profilieren geeignet	früher oft für Riemenscheiben verwendet, Kegelkugeln

Holzname	Robinie	Rüster
weitere Handelsnamen	Falsche Akazie	Ulme, Feld-, Bergulme, Feld-, Berg-, Rotrüster
DIN-Kurzzeichen	ROB	RU
Herkunft	Europa, östl. Nordamerika	Europa
Aussehen		
Splintholz	fast weiß bis hellgelb-grünlich	schmal, gelbgrau
Kernholz	gelbgrün	grau bis rotbraun
Sonstiges	Kern- und Splintholz scharf voneinander abgegrenzt	
Eigenschaften		
Härte	hart	sehr hart
Schwund	gering	mäßig
Neigung zum Reißen	ja	stark
Geruch		unangenehm
Verfärbung bei Tageslicht	nachdunkelnd, Kernholz wird dunkelbraun	nachdunkelnd, Farbangleichung zwischen Splint- und Kernholz
Verfärbung bei Kontakt mit Eisen	keine	nicht bekannt
mit Kupfer/Messing	keine	nicht bekannt
Sonstiges	neigt zum Werfen, witterungsbeständig, nur mäßig zu trocknen	langsam und schonend zu trocknen
Hinweise zur Verarbeitung	einfach und gut zu drehen, zu polieren und zu lackieren	gut zu drehen, Werkzeuge können schnell stumpf werden, gut zu beizen und zu polieren
Eignung für bestimmte Drechselarbeiten	Schalen und Dosen, auch für Faßhähne geeignet, gegen Feuchtigkeit recht resistent	für alle Arbeiten ohne Einschränkung geeignet, besitzt ausgesprochen schönes Holzbild

Holzname	Teak	Weißbuche
weitere Handelsnamen		Hainbuche
DIN-Kurzzeichen	TEK	BU
Herkunft	Südostasien	Mittel- und Südeuropa
Aussehen		
Splintholz	schmal, gelblichweiß bis grauweiß	weiß bis hellgrau
Kernholz	gelbbraun bis hellbraun	weiß bis hellgrau
Sonstiges	Kern- und Splintholz deutlich abgegrenzt	kein Farbunterschied zwischen Kern- und Splintholz
Eigenschaften		
Härte	hart	hart
Schwund	sehr gering	stark
Neigung zum Reißen	gering	vorhanden
Geruch	kein ausgeprägter Geruch	kein ausgeprägter Geruch
Verfärbung bei Tageslicht	stark nachdunkelnd, Kernholz wird mittel- bis dunkelbraun	nachdunkelnd
Verfärbung bei Kontakt mit Eisen	sehr gering	grau
mit Kupfer/Messing	keine	keine
Sonstiges	witterungsbeständig, wegen unterschiedlicher Feuchtigkeitsgrade in einer Bohle anfangs langsam zu trocknen	schwierig zu trocknen
Hinweise zur Verarbeitung	gut zu drehen, doch Werkzeuge stumpfen durch mineralische Einlagerungen schnell ab; Oberflächenbehandlung mit Ölpräparaten zur Betonung des Holzbildes, mit anderen Werkstoffen schwierige Oberflächenbehandlung, schwierig zu verleimen; ruft vereinzelt entzündliche Hautreizungen und Ekzeme hervor	gut zu drehen, zu polieren; schwierig zu beizen und zu lackieren
Eignung für bestimmte Drechselarbeiten	für alle dekorativen Werkstücke	besonders geeignet für Holzgewinde und für Kegel

Maße, Mengen- und Preisberechnung

Beim Holzkauf werden drei Maße angegeben:
In Kubikmeter (cbm) wird das Schnittholz wie Bohlen, Bretter und Balken berechnet; ein Kubikmeter gibt die absolute Holzmenge an.

In Festmeter (fm) rechnet man Rundholz, also Baumstämme; es entspricht einem Kubikmeter.

Bei einem Raummeter (rm) Holz erhält man einen Stapel oder »Stoß« Schichtnutzholz, der jeweils einen Meter lang, breit und hoch ist, aber nur etwa 0,5 cbm Holz enthält. Man verwendet dieses Maß für aufgeschichtetes Holz wie Scheite und Rollen, aber auch für Brennholz.

Die Einteilung des Stammholzes

Um die unterschiedliche Qualität und Beschaffenheit von Hölzern auszudrücken, gibt es Güteklassen und Stärkeklassen. Güteklasse A bezeichnet besonders glatte, gerade und astfreie Stämme, in der Güteklasse B handelt es sich um gesundes Holz mit unerheblichen Fehlern, und Güteklasse C kennzeichnet stark drehwüchsige oder astige Stämme.

Ähnlich werden die Durchmesser der Baumstämme in Stärkeklassen eingeteilt:

Klasse	Durchmesser im Mittel
1	unter 20 cm
2	20–29 cm
3	30–39 cm
4	40–49 cm
5	50–59 cm
6	60 cm und stärker

Zwischenklassen geben einen jeweils 5 cm stärkeren mittleren Stammdurchmesser an und werden durch Kleinbuchstaben gekennzeichnet. So bedeutet zum Beispiel die Stärkeklasse 3a, daß es sich um einen Stamm mit einem Durchmesser von 30 bis 34 cm handelt.

Die Preise für Rundholz

Entsprechend den Güte- und Stärkeklassen staffeln sich die Preise: je besser die Qualität und je dicker ein Stamm, desto teurer ist er. Zur Preisberechnung bedient man sich einer Tabelle, die den sogenannten Landesgrundpreis für ein bestimmtes Holz verschiedener Qualitätsstufen angibt. Die in ihr enthaltenen Meßzahlen geben einen Grundindex an; die jeweiligen Preisschwankungen werden dann nur noch in Prozentzahlen angegeben. So beträgt zum Beispiel die Meßzahl für Rotbuchenstammholz der Güteklasse B und der Stärkeklasse 3a: 37; wird der Festmeter zu 250 Prozent der Meßzahl verkauft, macht das einen Preis von DM 92,50.

Die Berechnung des Schnittholzes

Schnittholz wie Bretter (bis zu 40 mm stark) und Bohlen (über 41 mm stark) kauft man in Sägewerken und im Holzhandel. Die Menge wird immer in Kubikmeter berechnet, man multipliziert also Länge mal Breite mal Stärke. Eine Bohle von beispielsweise 3 m Länge, 38 cm Breite und 65 mm Stärke hat einen Rauminhalt von 0,0741 cbm. Um Rechenfehler zu vermeiden, empfiehlt es sich, Länge, Breite und Stärke in Meter zu rechnen, beim Kauf ist es allerdings üblich, die Länge in Meter, die Breite in Zentimeter und die Stärke in Millimeter anzuge-

$$\text{Bohlenbreite} = \frac{\text{obere Bohlenbreite} + \text{untere Bohlenbreite}}{2}$$

$$\text{Holzvolumen} = \text{Bohlenlänge} \times \text{Bohlenbreite} \times \text{Bohlenstärke}$$

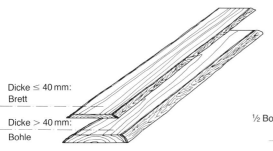

Dicke ≤ 40 mm:
Brett

Dicke > 40 mm:
Bohle

6   Bretter und Bohlen

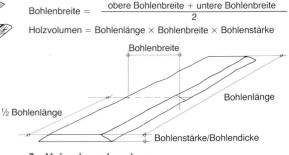

7   Holzvolumenberechnung

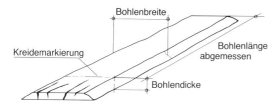

8 Berücksichtigung von Holzrissen. Die markierte Länge am Bohlenende wird bei der Volumenberechnung nicht mit einbezogen.

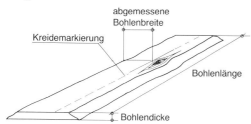

9 Berücksichtigung anderer Holzfehler. Die Bohlenbreite wird bei Fehlern im Holz sehr großzügig gemessen, um das Holzvolumen vor und hinter dem Ast mit einzubeziehen. Ist die Markierung mit Kreide (gemessen wird bei dem abgezeichneten Ast) z. B. 10 cm vom Rand entfernt, der Ast also 10 cm breit, wird der Holzhändler nur ca. 7 cm abziehen.

ben. Kauft man mehrere Bohlen oder Bretter von unterschiedlicher Breite, aber derselben Länge und Stärke, addiert man lediglich die Breiten der einzelnen Bretter.

Auf jedem Brett und jeder Bohle wird mit Ölkreide eine Zahl eingetragen; diese Zahl bezeichnet eine geringere Breite, wenn eine Bohle Fehler hat. So müssen ein grober oder verwachsener Ast oder ein mehrfach eingerissenes Stammende von der eigentlichen Breite oder Länge abgezogen werden. Wieviel dabei abgezogen wird, liegt im Ermessen des Verkäufers, doch im Zweifelsfall wird man sicher eine einvernehmliche Bewertung finden.

Die Preisberechnung einer Kantel

Holzstücke mit quadratischem oder rechteckigem Querschnitt, wie man sie zum Beispiel für Stuhlbei-

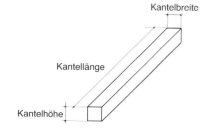

10 Die Holzkantel

ne benötigt, nennt man Kanteln. Ihren Preis kann man einfach ausrechnen: Ein Treppenstab mit einem Querschnitt von 50 mm mal 50 mm und einer Länge von 100 cm hat einen Rauminhalt von 0,0025 cbm. Bei einem Kubikmeterpreis von DM 400,– kostet der Treppenstab demnach eine Mark. Noch schneller kann man den Preis in diesem Beispiel folgendermaßen ausrechnen:

5 mal 5 (für 50 mm Querschnitt) = 25
25 mal 1 (für 1 m Länge) = 25
25 mal 4 (für 400 Mark) = 100 (in Pfennig) = 1 Mark

Eine zusätzliche Rechenhilfe ist dabei die folgende Tabelle, die den Preis einer Kantel von 1 m Länge bei einem Preis von DM 100,– pro Kubikmeter angibt.

Tabelle zur Preisberechnung von Kanteln

Querschnitt in cm	1 m lang Preis DM	Querschnitt in cm	1 m lang Preis DM
1	0,01	4,3	0,19
1,1	0,02	4,4	0,20
1,2	0,02	4,5	0,21
1,3	0,02	4,6	0,22
1,4	0,02	4,7	0,23
1,5	0,03	4,8	0,23
1,6	0,03	4,9	0,25
1,7	0,03	5,0	0,25
1,8	0,04	5,5	0,31
1,9	0,04	6,0	0,36
2,0	0,04	6,5	0,43
2,1	0,05	7,0	0,49
2,2	0,05	7,5	0,57
2,3	0,06	8,0	0,64
2,4	0,06	8,5	0,73
2,5	0,07	9,0	0,81
2,6	0,07	9,5	0,91
2,7	0,08	10,0	1,00
2,8	0,08	11	1,22
2,9	0,09	12	1,44
3,0	0,09	13	1,69
3,1	0,10	14	2,00
3,2	0,11	15	2,25
3,3	0,11	16	2,60
3,4	0,12	17	2,90
3,5	0,13	18	3,25
3,6	0,13	19	3,70
3,7	0,14	20	4,00
3,8	0,15	21	4,50
3,9	0,16	22	4,90
4,0	0,16	23	5,30
4,1	0,17	24	5,80
4,2	0,18	25	6,25

Die hier angegebenen Preise gelten allerdings nur für das Material; hinzuzurechnen sind die Lohnkosten für den Zuschnitt, und auch der Verschnitt ist noch zu berücksichtigen.

Zur besseren Verständlichkeit noch ein anderes Beispiel:

Was kostet das Holz für einen 20 cm langen Griff von einer 30er Kantel (Querschnitt 30 × 30 mm), wenn der Kubikmeter Holz für 500 DM eingekauft wurde?

9 Pfennig, denn: 3 mal 3 = 9
5 Griffe gibt es aus einem Meter Kantel, es müßte eigentlich noch durch 5 geteilt werden. Da man aber auch mit 5 wegen des Kubikmeterpreises malnehmen muß, ist nur 3 mal 3 zu rechnen.

Die Preisberechnung von Querholzscheiben

Um den Preis einer Querholzscheibe auszurechnen, muß man nicht erst umständlich die Kreisfläche ermitteln, denn das Holz, aus dem die Scheiben geschnitten werden, ist fast immer quadratisch. Der Preis läßt sich daher nach demselben Schema ausrechnen wie zuvor bei den Kanteln.

Beispiele:
Für einen Teller braucht man eine Holzscheibe von 20 cm Durchmesser und 40 mm Stärke bei einem Kubikmeterpreis von DM 1200,–. Man rechnet:

2 mal 2 (für den Durchmesser) = 4
4 mal 4 (Stärke) = 16
16 mal 12 (Kubikmeterpreis) = 192 (Pfennig).

Oder man wünscht eine Scheibe von 30 cm Durchmesser und 60 mm Stärke bei einem Kubikmeterpreis von DM 900,–:

3 mal 3 (Durchmesser) = 9
9 mal 6 (Stärke) = 54
54 mal 9 (Kubikmeterpreis) = 486 (Pfennig).

Zur Sicherheit oder zur Überprüfung kann man diese Rechnung auch in Meterangaben wiederholen und erhält den exakten Rauminhalt. Als Faustregel gilt aber immer, daß vier Zahlen (Länge mal Breite mal Stärke mal Kubikmeterpreis) miteinander multipliziert werden müssen. Auch bei den Querholzscheiben müssen darüber hinaus noch ein Verschnitt von etwa 30 Prozent und die Lohnkosten hinzugerechnet werden. Der Einfachheit halber sei aber nochmals eine Berechnungstabelle angefügt

für Querholzscheiben bei einem Kubikmeterpreis von DM 100,–:

Berechnungstabelle für Querholzscheiben

Alle Preise in Pfennig

⌀ in cm \ Stärke in cm	2	2,5	3	3,5	4	5	6	7,5
5	0,5	0,7	0,8	0,9	1	1,3	1,5	2
6	0,8	0,9	1,1	1,3	1,5	1,8	2,2	2,7
7	1	1,3	1,5	2	2	2,5	3	4
8	1,5	1,6	2	2,5	3	3,5	4	5
9	1,7	2	2,5	3	3,5	4	5	6
10	2	2,5	3	3,5	4	5	6	7,5
12	3	3,6	4,5	5	6	7,5	9	10
14	4	5	6	7	8	10	12	15
15	4,5	5,7	7	8	9	11,5	14	17
16	5,2	6,5	8	9	10	13	16	20
17	5,8	7,3	9	10	12	15	18	22
18	6,5	8,1	10	11,5	13	16,5	20	25
20	8	10	12	14	16	20	24	30
22	10	12	15	17	20	24	29	36
24	12	14,5	17,5	20	23	29	35	44
25	13	16	19	22	25	31	38	47
27,5	16	19	23	26,5	30	38	45	57
30	18	22,5	27	31,5	36	45	54	68
35	25	31	37	43	49	62	74	92
40	32	40	48	56	64	80	96	121
45	40	51	61	71	81	105	122	152
50	50	65	75	88	100	125	150	188

Der Schwund

Wenn Holz trocknet, zieht es sich zusammen: Der Fachmann spricht hierbei von Schwund, der allerdings von Holzart zu Holzart und selbst an ein und demselben Brett sehr unterschiedlich sein kann. Gemessen wird der Schwund in Prozentzahlen, die das Verhältnis der Maße von frischem und lufttrockenem Holz angeben. So beträgt der Schwund in der Splintregion fast 15 Prozent, in der Kernregion hingegen kaum 3 Prozent. In der Richtung der Markstrahlen, also bei Spiegelbrettern, mißt man etwa 8 Prozent, in Richtung der Jahresringe, also bei Seitenbrettern, muß man mit bis zu 15 Prozent Schwund rechnen.

Zwar gibt es auch in der Längsrichtung Schwund, doch mit nur einem Tausendstel der Länge eines Brettes kann man ihn getrost vernachlässigen.

Wenn man daher in einem Sägewerk zum Beispiel Bohlen aus Buchenholz mit einer Stärke von 45 mm bestellt, erhält man Bohlen mit 48 mm Stärke: Ein Schwund von 6 Prozent bei Buchenholz wird von vornherein berücksichtigt. Wenn das Holz erst trocken ist, hat es die gewünschten Maße erreicht. Für die verschiedenen Holzarten gibt es eine Tabelle, der man einen Mittelwert des jeweiligen

Schwundes entnehmen kann. Ein Seitenbrett aus Rotbuche zum Beispiel hat 5 bis 10,7 Prozent Schwund, ein Mittelbrett desselben Stammes dagegen 2,3 bis 6 Prozent Schwund. Der Einfachheit halber enthält die Tabelle deshalb einen Mittelwert für Rotbuche von 6 Prozent.

Schwund in Prozent

Agba	3	Kirschbaum	7,5
Ahorn	4,5	Lärche	4
Birke	5	Linde	5
Birnbaum	6	Mahagoni	1,5
Bubinga	7,5	Nußbaum	8
Cocobolo	3,5	Padouk	4
Ebenholz/		Palisander	4,5
Macassar	10	Pappel	4,5
Eiche	5,5	Pflaume	4,5
Erle	6	Pockholz	8,0
Esche	6	Rotbuche	6
Fichte	3	Rüster	4
Iroko	3,5	Teak	3
Kiefer	3	Weißbuche	7

Die Holzlagerung

Wer das Drechseln als Hobby betreibt, braucht ein Holzlager wie ein Gewerbebetrieb, wenngleich in bescheidenerem Umfang. Kleine Holzabschnitte und Holzreste sollte man in einem Regal übersichtlich und geordnet lagern. Da die gedrehten Werkstücke später vorwiegend in Wohnräumen verwendet werden, sollte das Holz bereits in einem Raum mit ähnlichem Klima gelagert werden, denn das Holz muß stets unter dem Fasersättigungspunkt gehalten werden, um spätere Formveränderungen infolge zu hoher Holzfeuchtigkeit auszuschließen. Für die Lagerung sollte man daher einen Teil der Werkstatt reservieren oder einen separaten Raum mit Wohnklima vorsehen.

Bretter, Bohlen oder eingeschnittene Baumstämme hingegen sollte man nach dem Einschnitt im Freien lagern. Das Holz muß allerdings vor der Witterung geschützt werden: Man sollte es unter einem Dach oder einem Gestell lagern, über das man Bitumenpappe legt. Gegen Feuchtigkeit, die vom Boden her aufsteigt, schützt man die Hölzer durch einen Unterbau aus Betonsteinen von etwa 20 bis 30 cm Höhe. Auf diese Stapelsteine legt man Holzbalken, auf denen schließlich die Bretter und Bohlen gelagert werden. Bei unbefestigtem Untergrund ist darauf zu achten, daß die Luftzirkulation nicht durch Pflanzenwuchs unter dem Stapel beeinträchtigt wird. Zwischen den einzelnen Lagen von Brettern und Bohlen sorgen Stapelleisten für ausreichende Luftzirkulation und für die notwendige Standfestigkeit des Holzstapels. Ein weiterer Vorteil der Stapelleisten ist, daß sie die Bretter durch das Gewicht der einzelnen Lagen regelrecht einspannen und somit ein Verziehen und Reißen der Bretter weitgehend verhindern.

Bevor man einen Stapel errichtet, ist jedes Brett mit einem Besen zu säubern, denn Holzspäne, die rasch Feuchtigkeit aufnehmen, sind ein Nährboden für Pilzbefall. Zugleich wird Schmutz dabei entfernt, der sonst das Werkzeug bei der späteren Bearbeitung schneller abstumpfen lassen würde.

Um das Holz nicht zu beschädigen, sollte man es unverzüglich nach dem Einschnitt oder der Anlieferung stapeln. Man ordnet nach gleichen Holzarten und Brettstärken und trennt die unbesäumten von den besäumten Brettern. Da in der Praxis nicht immer gleich lange Bretter zu stapeln sind, lagert man die kürzeren Bretter unten und die längeren Bretter oben, damit der Überhang die darunterliegenden Bretter vor der Sonne schützt und die Hirnenden nicht reißen.

Die Stapellatten werden innerhalb des Stoßes genau übereinandergesetzt und an den Stirnseiten bündig mit den Brettern und Bohlen gestapelt.

Ob die Kernholz- oder Splintholzseite der Bretter und Bohlen im Stapel nach oben zeigen sollen, beantwortet das Schwundverhalten von Holz: Die

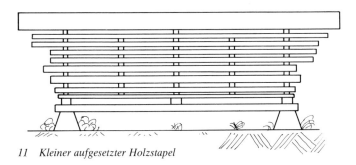

11   Kleiner aufgesetzter Holzstapel

Seiten- und Mittelbretter eines Stammabschnittes wölben sich immer zur dem Stammkern abgeneigten Seite hin, weil sie auf dieser Seite wesentlich schneller trocknen. In einem Stapel trocknet infolge der Luftströmung die obere Seite normalerweise schneller, deshalb legt man die dem Kern zugewandte Seite nach oben. Bei besonders wertvollen Hölzern sollte man unbedingt die Hirnseiten zusätzlich vor Sonneneinstrahlung schützen. Dafür gibt es Farben und Wachs, die man mit Sprühdosen auf die Hirnseiten aufträgt. Diese Methode sollte man auch bei Holzabschnitten anwenden, weil sie bei falscher Lagerung sehr leicht auf der Hirnseite einreißen können.

Im Durchschnitt kann man durch diese natürliche Trocknung in den Sommermonaten eine Holzfeuchtigkeit von 13 bis 15 Prozent erzielen, wodurch sich die künstliche Holztrocknung vor der Bearbeitung entsprechend verkürzt.

Falls man keinen Platz im Freien zur Verfügung hat, empfiehlt sich ein Wandregal in der Werkstatt oder in einem Lagerraum, wo sich das Holz allmählich dem Raumklima anpassen kann. Auch hier sollte man darauf achten, daß die Holzabschnitte nach unterschiedlichen Stärken und Arten sortiert eingelagert werden. Praktisch ist ein Lagerbuch, in dem man das Einkaufsjahr, den Lieferanten, die Wuchsart, die Holzart und die Holzfeuchtigkeit einträgt.

Einige Tips für den Holzeinkauf

Wer keine oder wenig Übung mit dem Drehen hat, sollte anfangs billiges und leicht zu drehendes Holz kaufen wie zum Beispiel Linde, Pappel, Buche oder Ahorn, bis man die nötige Fingerfertigkeit erlangt. In Sägewerken, Holzhandlungen, bei Schreinereien und Zimmereien kann man für diesen Zweck ein Bündel Abfallholz kaufen. In solchen Bündeln werden zwar auch Holzstücke enthalten sein, die auf Grund ihrer »Verwachsungen« – das sind Holzstücke mit ungleichmäßigen Jahresringen und Holzfasern – nicht zum Drehen geeignet sind: eine saubere Führung der Werkzeuge ist bei ihnen nicht möglich. Doch zu kurze Holzstücke, solche mit zu vielen Haarrissen vom Stammende oder Holzstücke, die wegen einer Baumkante von einer Bohle abgetrennt wurden, sind zwar gewerblich nicht mehr nutzbar, reichen aber für Übungszwecke aus. Ebenso genügen Bohlen- oder Brettabschnitte, die wegen eines Astes aus dem gesamten Brett herausgetrennt wurden. Wenn man den Bereich

mit dem Astloch heraussägt, ergeben sie oft gute Holzkanteln zum Drehen.

Für Schalen, Dosen oder größere Langholzteile reichen diese Hölzer aus einem Reste- oder Abfallbündel nicht mehr aus. Hierfür sollte man sich beim Holzhandel Bohlen und Bretter aus exotischen Hölzern besorgen; heimische Hölzer gibt es auch bei den Schreinereien.

Holzimporteure geben Drechslerholz auch sackweise ab. In einer solchen Lieferung sind oft mehrere Holzarten enthalten, die in kleineren Abmessungen zugeschnitten sind. Diese Zusammenstellung verschiedener Hölzer ist zwar nicht sonderlich billig, man erhält aber mitunter schöne exotische Hölzer, die auf dem fertigen Werkstück eine herrliche Fladerung vorweisen.

Wer schon versiert ist im Drehen, kann gezielt beim Holzhandel die entsprechenden Hölzer erstehen. Es lohnt sich aber, öfters beim Holzhändler nachzufragen, ob neue Lieferungen eingetroffen sind. Nicht selten fallen dabei Abschnitte mit ungewöhnlicher Maserung ab. Auf diese Weise kann man sich allmählich einen wertvollen Vorrat zusammentragen.

Wer gar einen ganzen Baumstamm kauft, läßt ihn im Sägewerk zu Bohlen oder Brettern einschneiden. Besonders Kirschbäume, Pflaumenbäume oder Birnbäume kann man privat oft günstig erwerben, da sie sonst nur zu Brennholz verarbeitet würden.

Die Werkstatt des Drechslers

Grundsätzlich gliedert sich jede Drechslerwerkstatt in drei Bereiche: einen für das Zuschneiden, den Fertigungsbereich für das Drehen und einen Bereich für die Oberflächenbehandlung. Wer das Drechseln als Hobby betreibt, kann alle drei Arbeitsbereiche durchaus in einem Raum unterbringen und die Oberflächenbehandlung einzelner Werkstücke auf der Drehbank durchführen. Im Einzelfall richtet sich die Größe des Raumes danach, wie viele Maschinen vorhanden sind und ob das Holz auch in diesem Raum gelagert werden soll. Besonders wichtig sind die Lichtverhältnisse: Im Idealfall sollte die Drehbank direkt vor einem ausreichend großen Fenster stehen, denn gute Beleuchtung ist dringend erforderlich. Darüber hinaus sollten die Wände des Arbeitsraumes hell gestrichen werden. Wenn man mit künstlicher Beleuchtung arbeitet – weil man vielleicht in einem Kellerraum arbeitet oder eine zusätzliche Lampe an der

Drehbank anbringt –, ist auf die unverfälschte Farbwiedergabe der Lampe zu achten. Ein schöner Holzton kann bei künstlicher Beleuchtung ganz anders aussehen als bei Tageslicht. Geeignete Lampen tragen die Bezeichnung »neutral-weiß« oder »weiß-weiß«; ansonsten kann man im Fachhandel um Rat fragen.

Aus Sicherheitsgründen sollten die Beleuchtung sowie alle übrigen elektrischen Anschlüsse durch einen Elektriker explosionsgeschützt ausgeführt werden, denn beim Arbeiten mit lösungsmittelhaltigen Lacken besteht Explosionsgefahr. Explosionsgeschützte Elektroinstallationen sind Vorschrift für Betriebe, und auch als Hobbydrechsler sollte man sich unbedingt daran halten.

Nicht minder wichtig ist jedoch eine gute Lüftung der Werkstatt, vor allem wenn in diesem Raum auch das Beizen und Lackieren durchgeführt werden soll.

Der Mittelpunkt der Werkstatt ist die Handdrehbank; in unmittelbarer Nähe, entweder an der Wand oder auf einem fahrbaren Gestell, werden die notwendigen Handwerkzeuge und Spannvorrichtungen untergebracht.

Ein Arbeitstisch mit einem Schleifbock, eine Bohrmaschine, eine kleine Kreis- und eine Bandsäge sowie eine Abrichte und eine Dickte runden die Grundausstattung einer Drechselwerkstatt ab, in der bereits anspruchsvollere Arbeiten angefertigt werden können.

Elektrische Stichsägen kann man allenfalls als Behelf ansehen, dagegen gibt es kleine Bandsägen, die für gewöhnlich ausreichen und zudem billig sind. Im Laufe der Zeit sollte man sich auch eine bessere Ständerbohrmaschine anschaffen.

Doch gerade wenn man bereits eine ansehnliche Ausrüstung besitzt, sollte man darauf achten, daß Werkzeuge und Hilfsmittel wie Lacke, Schleifpapier oder Schrauben übersichtlich aufbewahrt werden.

In jedem Fall sind allerdings noch einige Sicherheitsvorkehrungen zu treffen: Jede Werkstatt sollte durch eine Feuerschutztür gesichert werden, und direkt neben der Tür ist ein Feuerlöscher anzubringen.

Dabei sind Pulverlöscher mit ABC-Löschpulver zu verwenden, die mit einer Füllmenge von mindestens 6 kg oder besser 12 kg im Ernstfall größeren Schaden vermeiden helfen.

Beim Kauf eines Feuerlöschers achtet man darauf, daß er amtlich geprüft und zugelassen ist.

Das Zuschneiden

Jedes Drehteil durchläuft drei Arbeitsgänge, bis es fertig ist: es wird zugeschnitten, gedreht und lackiert. Dementsprechend sind auch die Drechslerwerkstätten in drei Arbeitsbereiche gegliedert. Doch während für einen Gewerbebetrieb vor allen Dingen wichtig ist, daß das Zuschneiden rationell durchgeführt wird, weil es bislang keine Zuschneideautomaten gibt, sollte der Hobbydrechsler, der von Hand dreht, besonders auf einen genauen Zuschnitt achten, der die weitere Arbeit wesentlich erleichtert.

Der Zuschnitt von Kanteln

Eine Kantel ist für gewöhnlich einen Meter lang und hat einen quadratischen Querschnitt; die Stärke der Kanteln, die man beim Holzhandel oder beim Schreiner kaufen kann, nimmt meist um jeweils 5 mm zu.

Zunächst werden die Bohlen oder Bretter auf handliche Stücke gekürzt, die noch etwas länger sind, als man sie für das spätere Werkstück benötigt; der Fachmann nennt diesen Vorgang »ablängen«. Im nächsten Arbeitsgang werden die Bohlen oder Bretter längs aufgetrennt. Meist ist es ein sogenannter Besäumschnitt, bei dem die Rinde und die Rundung des Stammes entfernt wird, doch besonders breite Bretter kann man auch in der Mitte zerteilen. Bei Spiegelbrettern schneidet man mit zwei Schnitten gleich den Kern mit heraus. Danach werden die Kanteln abgesägt. Für diese Arbeiten genügt eine stabile Tischkreissäge, möglichst mit einem Schiebetisch.

Damit alle diese Arbeiten mit der Tischkreissäge durchgeführt werden können, muß das Sägeblatt je

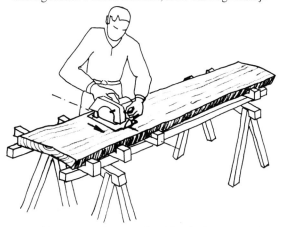

12 Ablängen von Brett- und Bohlenabschnitten mit der Handkreissäge

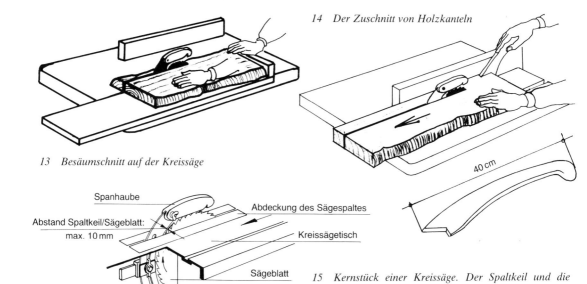

14 Der Zuschnitt von Holzkanteln

13 Besäumschnitt auf der Kreissäge

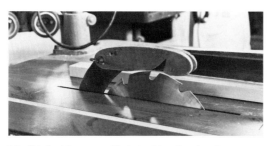

Spanhaube

Abdeckung des Sägespaltes

Abstand Spaltkeil/Sägeblatt:
max. 10 mm

Kreissägetisch

Sägeblatt

Spaltkeil

40 cm

15 Kernstück einer Kreissäge. Der Spaltkeil und die Spanhaube müssen beim Sägen immer montiert sein.

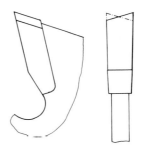

16 Rückschlagarmes Kreissägeblatt für den Längenzuschnitt

nach Verwendungszweck richtig ausgewählt und stets geschärft werden. Gerade für das Sägen von Massivholz braucht man keine teuren Widia-Sägeblätter. Erfahrene Drechsler bevorzugen Chrom-Vanadium-Sägeblätter, mit denen sich zum Beispiel Buchenholz in Längsrichtung besser sägen läßt: die Schnittfugen sind schmaler, das Sägeblatt läuft weicher. Im Gegensatz zu hartmetallbestückten Sägeblättern haben solche aus Chrom-Vanadium vor allen Dingen den Vorteil, daß man sie verhältnismäßig rasch selbst schärfen kann.
Die bewährten Chrom-Vanadium-Sägeblätter sind spandickenbegrenzt, das heißt sie nehmen bei einem Schnitt nicht mehr als 1,1 mm des Holzes ab und schlagen deshalb kaum zurück. Diese sogenannten RS-Blätter haben je nach Durchmesser acht, zwölf oder sechzehn Zähne und sind nicht mit Hartmetall bestückt. Man verwendet sie seit Jahrzehnten in der gewerblichen Drechslerei und besonders für Längsschnitte in Buchenholz, dem gangigsten Drechslerholz.

Diese Sägeblätter haben erhebliche Vorteile:

1. Das Holz läßt sich leichter schieben
2. Es entsteht kein Sägestaub, der im Raum schwebt, sondern Späne, die zu Boden fallen
3. Die Unfallgefahr ist gemindert, denn die Werkstücke schlagen nicht zurück
4. Die Sägeblätter pfeifen nicht
5. Man braucht etwa 40 Prozent weniger Energie zum Sägen.

Grundsätzlich sind RS-Sägeblätter aber nur zum Zuschneiden geeignet, nicht jedoch für den Feinschnitt.
Dagegen sollten Hobbydrechsler hartmetallbestückte Sägeblätter vorziehen, die bei Querschnitten und bei exotischen Hölzern sauberer sägen. Für Querschnitte braucht man Sägeblätter mit mehr Sägezähnen als für Längsschnitte; wichtig sind auch die Zahnform und der Winkel der Zahnbrust eines Sägeblattes. Für den Längsschnitt braucht man ein Sägeblatt, bei dem ein Lineal, das man an die Zahnbrust anlegt, in Schnittrichtung gesehen hinter der Blattbohrung vorbeiläuft.

17 Der Wechselzahn ist die richtige Zahnform beim Einsatz hartmetallbestückter Sägeblätter. Er ist besonders zum Zuschneiden von Weich- und Hartholz längs und quer zur Faser geeignet.

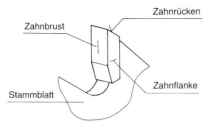

18 *Die Bestandteile eines Kreissägeblattzahnes*

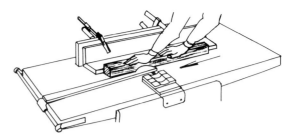

21 *Abrichten einer Holzkantel auf der Abrichthobelmaschine*

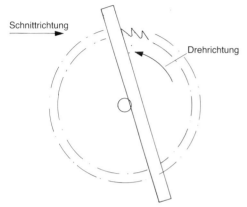

19 *Sägeblatt für den Längenzuschnitt*

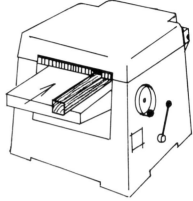

22 *Auf Dicke Hobeln einer Holzkantel auf der Dickenhobelmaschine*

Bei Sägeblättern für den Querschnitt muß der Keilwinkel dagegen größer sein, so daß ein angelegtes Lineal vor der Blattbohrung verläuft.

Für den Gebrauch aller Kreissägeblätter gelten folgende Regeln:

1. Man wählt den kleinstmöglichen Durchmesser, weil dann am wenigsten Energie verbraucht wird
2. Man sägt immer mit dem Spaltkeil
3. Man läßt das Sägeblatt nur zwei Millimeter weiter hervorstehen, als das Werkstück dick ist

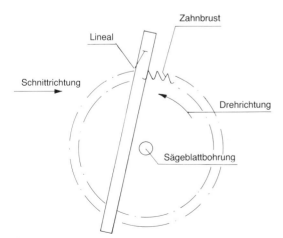

20 *Sägeblatt für den Querschnitt*

4. Man vermeidet seitliche Reibung am Sägeblatt, weil es sich dadurch erwärmt, sich ausdehnt, zu flattern beginnt und schließlich Brandstellen und Risse aufweist
5. Eingerissene Blätter müssen ersetzt werden
6. Man arbeitet nur mit geschärften Sägeblättern; als Faustregel gilt, daß ein RS-Sägeblatt nach vier Betriebsstunden neu geschärft werden muß
7. Man benützt immer ein Schiebeholz zum Schneiden von Kanteln
8. Bei Arbeiten an der Kreissäge trägt man immer einen Gehörschutz
9. Wenn ein Splitter zwischen Sägeblatt und Tisch klemmt, muß die Maschine sofort abgeschaltet werden
10. Die obere Sägeblattabdeckung darf nie entfernt werden, denn das hochlaufende Sägeblatt kann Holzstücke mit großer Wucht hochschleudern und dadurch gefährliche Verletzungen hervorrufen.

Zum Schärfen aller Sägeblätter gibt es besondere Maschinen, die jedoch für den gelegentlichen Gebrauch viel zu teuer sind. Hobbydrechsler können ihre Sägeblätter daher bei einem Maschinenhändler oder einem Baumarkt schärfen lassen, bei dem man sie gekauft hat.

Sind die Kanteln verzogen, das heißt sind sie nach

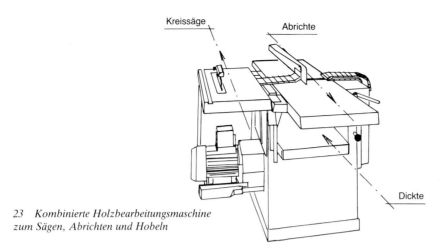

23 Kombinierte Holzbearbeitungsmaschine
zum Sägen, Abrichten und Hobeln

dem Zuschnitt gewölbt, müssen sie auf der Abrichte zuerst abgerichtet werden. Mit einer Messerwelle, die in den Tisch der Abrichte eingebaut ist, wird eine Seite der Kantel gerade gehobelt. Dann kann mit der Dickte weitergearbeitet werden, und die übrigen drei Seiten werden genau im Winkel von 90° zueinander und gleichzeitig glatt gehobelt. Diese beiden Arbeitsgänge sind unerläßlich, wenn man zum Beispiel bei einem Treppenpfosten oben und unten einen Teil der Kantel stehen lassen will. Für den Hobbydrechsler bieten sich hier Kombimaschinen an, ein gewerblicher Betrieb wird kaum ohne große Einzelmaschinen auskommen.

Die Bandsäge

Eine sinnvolle Anschaffung für eine Drechslerwerkstatt ist eine Bandsäge für das Zuschneiden, denn sie ist die vielseitigste, leistungsfähigste und sparsamste Sägemaschine. Man kann auf ihr selbst dicke Bretter gerade schneiden, und besonders für das Sägen von Bögen und Scheiben eignet sich eine Bandsäge. Da die Schnittbreite nur 1,2 mm beträgt, ist der Kraftaufwand erheblich geringer als bei einer Kreissäge.

Wie bei den Kreissägen sind auch auf der Bandsäge einwandfreie Sägeblätter die Voraussetzung für genaues Arbeiten: sie müssen geschärft und richtig geschränkt sein, denn zu weit geschränkte Sägeblätter rattern, zu wenig geschränkte Sägeblätter verlaufen, das heißt das Sägeblatt durchtrennt die Holzfasern nicht, sondern folgt der Faserrichtung und wird durch die Spannung im Sägeblatt wieder zurückgezogen, so daß sich ein wellenförmiger Schnitt ergibt.

Die Stärke des Sägeblattes sollte ein Tausendstel des Rollendurchmessers nicht überschreiten. Für eine 400er Bandsäge braucht man daher eine Blattstärke von 0,4 mm, für eine 600er Bandsäge eine Blattstärke von 0,6 mm. Ist der Rollendurchmesser geringer als 400 mm, sind die Angaben des Herstellers zu beachten.

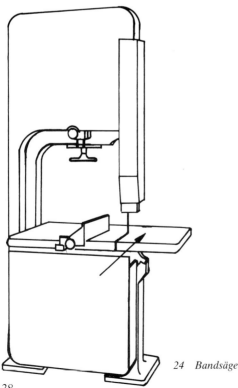

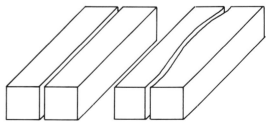

24 Bandsäge

25 Gerader und verlaufener Schnitt eines Bandsägeblattes

26 *Aussägen runder Scheiben mit Hilfe einer Schablone*

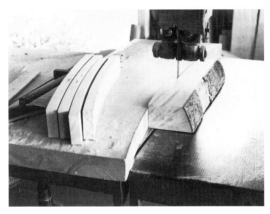

27 *Aussägen geschweifter Werkstücke*

Wenn das Sägeblatt beim Schneiden zu hacken beginnt, wenn es im Leerlauf etwas springt und man bei jeder Umdrehung einen kleinen Ruck spürt, hat das Sägeblatt im Zahngrund einen kleinen Riß. In diesem Fall muß man die Bandsäge sofort abstellen und das Sägeblatt überprüfen. Zumeist kann man das Sägeblatt wieder schweißen; wenn das Sägeblatt allerdings während des Laufens gerissen ist, hat es meist mehrere Knicke bekommen, die man nicht mehr reparieren kann. Es taugt dann nur noch zum Brennholzschneiden.

Das Verleimen

Nicht immer hat man ein passendes Stück Holz zur Hand, wenn man eine Säule oder größere Teller drehen will. In solchen Fällen kann man das Werkstück aus mehreren Stücken zusammenleimen. Das gilt zum Beispiel für Holzkanteln mit einem Querschnitt von mehr als 60 × 60 mm, die nicht überall erhältlich sind, obwohl man zuerst versuchen sollte, ein Stück Holz passender Größe zu finden.

Zum Verleimen von Werkstücken, die später in Wohnräumen Verwendung finden, genügt gewöhnlicher Weißleim, ansonsten benötigt man wasserfesten Holzleim. Durch die hygroskopischen Eigenschaften von Holz quillt und schwindet es, das heißt es verändert seine Form in bestimmte Richtungen hin. Damit die geleimten Fugen auch später verschlossen bleiben und nicht durch die Spannungen im Holz wieder aufbrechen, muß man dies von vornherein berücksichtigen.

Holz ist in der Kernregion älter und somit fester als in der Splintregion. Durch den Wasserentzug während des Trocknens entstehen Spannungen, die zu Rissen und Verwerfungen führen. Diese Spannungen treten auch auf, wenn ein Stamm in Bretter und

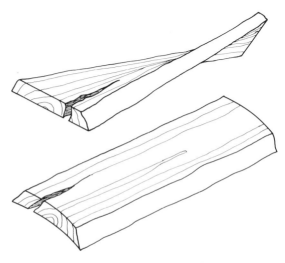

28 *Verdrehte Bohle und gekrümmte Bohle*

Bohlen zersägt wird. Die Fachbezeichnungen der einzelnen Bretter zeigt die folgende Skizze.

Durch richtiges Auftrennen der Bohlen und Bretter und durch richtiges Zusammenleimen können diese Spannungen allerdings ausgeglichen werden. Zu-

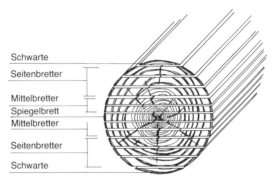

Schwarte
Seitenbretter
Mittelbretter
Spiegelbrett
Mittelbretter
Seitenbretter
Schwarte

29 *Trennung der Bohlen und Bretter beim Einschneiden eines Stammes*

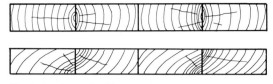

30 *Jahresringverlauf beim Verleimen für flächige Werkstücke*

nächst schneidet man die Markröhre grundsätzlich heraus, da dieser innerste Teil des Kernholzes sehr stark zur Rißbildung neigt. Bei Brettern und Bohlen leimt man stets Kernseite an Kernseite und Splintseite an Splintseite; dies gilt besonders für Mittelbretter oder Herzbretter. Bei Seitenbrettern leimt man die rechte Brettseite an die linke Seite, weil sich die Verformungen beim Trocknen ausgleichen. Welche Seite beim Holz die rechte oder linke Seite ist, sieht man auf der Hirnseite am Verlauf der Jahresringe.

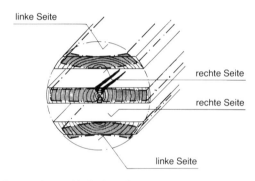

31 *Rechte und linke Seite der Bretter und Bohlen*

32 *Jahresringverlauf beim Verleimen kleiner Säulen*

Für kleine Säulen werden hingegen die linken Seiten der Bretter aufeinander geleimt, damit sich die Leimfuge selbst durch das Verziehen zudrückt.

Größere Säulen ab einem Durchmesser von etwa 200 mm und einer Länge von 1 m sollten innen hohl verleimt werden. Damit spart man nicht nur Holz, sondern man vermeidet auch Risse, die sonst in der fertigen Säule entstehen könnten.

Vor dem Verleimen muß das Holz entsprechend zugeschnitten werden. Die gesägten Flächen müs-

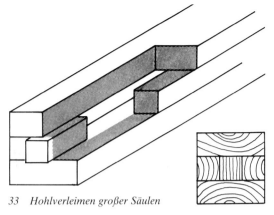

33 *Hohlverleimen großer Säulen*

sen zunächst plangehobelt werden, da die rauhe Oberfläche später eine rauhe, unsaubere Leimfuge ergäbe. Am besten benutzt man zum Planhobeln eine Abrichte. Man kann sich die benötigten Werkstücke aber auch beim Schreiner zusammenleimen lassen und hat dann die Gewähr, daß es sorgfältig und richtig gemacht wird. Der Schreiner wird auch die Flächen vorher plan abrichten.

Die Drehbank

Am Grundaufbau einer Drehbank, mancherorts auch Handbank genannt, hat sich im Laufe der Zeit kaum etwas geändert: Links sitzt der Spindelstock, rechts der Reitstock und in der Mitte die Handauflage. Doch es gibt auch manche Verbesserungen durch Einbaumotoren, einen verdeckten Riemenlauf oder Schnellspannung an der Handauflage und dem Reitstock.

Im folgenden soll nun keine Kaufempfehlung für ein bestimmtes Fabrikat ausgesprochen werden, da die Anforderungen und Fertigkeiten der Drechsler zu unterschiedlich sind. Einige grundsätzliche Überlegungen und Hinweise, die in Form einer Checkliste für den Kauf angefügt sind, sollen die Wahl der jeweils geeigneten Drehbank erleichtern. Wer sich eine Drehbank kaufen möchte, sollte sich zunächst entscheiden, wie groß die Werkstücke maximal sein sollen, die man drehen will. Die entsprechenden Einspannmaße einer bestimmten Drehbank kann man dann zwischen den Spitzen für das Langholzdrehen nachmessen, der Abstand zwischen Spindelmitte, das heißt zwischen der aufgespannten Mitnehmerspitze und dem Drehbankbett ist für das Querholzdrehen maßgebend. Grundsätzlich gilt aber auch, daß eine Drehbank um so schwerer sein sollte, je größer die Werkstücke sind, die man bearbeiten möchte. Nicht nur die Masse einer

Drehbank verhindert störende Vibrationen, sondern auch eine gut gelagerte Spindel. Gute Drehbänke haben kein Spiel in der Spindel und gewährleisten so einen genauen Rundlauf. Dabei haben sich in der Praxis Hohlspindeln bewährt, weil ein Mitnehmer einfacher ausgewechselt oder ein Vakuumfutter montiert werden kann. Eine wesentliche Arbeitserleichterung ist ein Handrad am Ende der Hohlspindel, denn man kann beim Weiterdrehen von Hand das Arbeitsergebnis rasch überprüfen und feststellen, ob etwa eine eingespannte Kantel auf der Handauflage aufschlägt. Zweckmäßig sind auch Schnellspannungen für alle Spannelemente, um mühelos die Werkstücke festspannen zu können. Da kleine Handräder an der Handauflage und der Reitstockverstellung umständlich zu bedienen sind, sollten diese ebenfalls mit Schnellspannungen versehen sein. Besonders wichtig sind jedoch – bei leichten wie bei schweren Drehbänken – einige Sicherheitsvorkehrungen: So darf man ein eingespanntes Werkstück nie mit der rechten Hand weiterdrehen und prüfen, während man mit der linken Hand die Drehbank einschaltet, denn dadurch kann es passieren, daß die rechte Hand zwischen Handauflage und Werkstück gequetscht wird.

Um die Spindel beim Ausschalten der Drehbank sicher abbremsen zu können, sollte dafür eine Bremse vorhanden sein, damit man auf gar keinen Fall versucht, das Werkstück mit der Hand abzubremsen. Ebenso wichtig ist, daß die Antriebsriemen verdeckt sind und sich dennoch sicher und schnell umspannen lassen.

Schließlich sollte man vor dem Kauf einer Drehbank prüfen, ob sie einen festen Stand hat und ob man die Werkstücke in aufrechter Haltung bearbeiten kann. Auch bei schweren Drehbänken ist häufig festzustellen, daß sie – je nach Körpergröße – zu niedrig sind. Man kann sie allerdings mit Hartholzunterlagen auf die gewünschte Höhe bringen.

Um sicherzugehen, daß man auf einer Drehbank vielseitig arbeiten kann, sollte man prüfen, welche Zubehörteile bereits zur Grundausstattung gehören und welches Zubehör man später nachkaufen kann.

Wenn man sich schließlich für eine Drehbank entschieden hat, sollte man sich zeigen lassen – und selbst probieren –, wie sich die Spannwerkzeuge an Spindel und Pinole befestigen und wieder lösen lassen. Auch der Drehzahlwechsel durch das Umspannen des Antriebsriemens sollte vorgeführt werden.

Die folgende Abbildung zeigt eine gebräuchliche

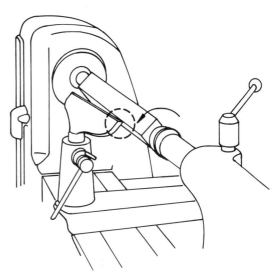

34 Aufschlagen eines Werkstückes auf die Handauflage

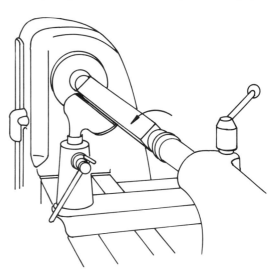

35 Zum Drehen eingespannter Vierkant

Drehbank, die einzelnen Teile, deren Funktion in einer kurzen Übersicht erläutert werden, sind darauf eingezeichnet. Eine Checkliste der wichtigsten Punkte, die man vor dem Kauf einer Drehbank berücksichtigen sollte, findet sich auf Seite 45f.

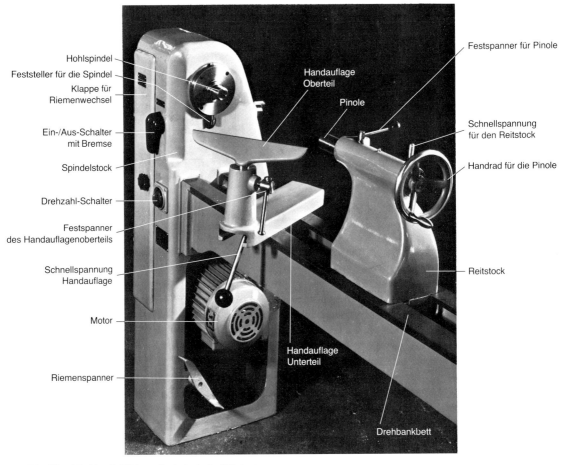

Hohlspindel
Feststeller für die Spindel
Klappe für Riemenwechsel
Ein-/Aus-Schalter mit Bremse
Spindelstock
Drehzahl-Schalter
Festspanner des Handauflagenoberteils
Schnellspannung Handauflage
Motor
Riemenspanner

Handauflage Oberteil
Pinole
Handauflage Unterteil
Drehbankbett

Festspanner für Pinole
Schnellspannung für den Reitstock
Handrad für die Pinole
Reitstock

36   Handdrehbank (Geiger, Ludwigshafen/Rh.)

37   Drehen eines Treppenstabes mit einer Kopiereinrichtung

Handrad	erlaubt gefahrloses Drehen der Spindel	Handauflagen-oberteil	Auflage für Werkzeuge wie Röhre oder Meißel usw.
Hohlspindel	dient zur Befestigung der Spann-werkzeuge	Festspanner des Handauflagen-oberteils	dient zum Verstellen des Handauf-lagenoberteils in die gewünschte Höhe
Klappe für den Riemenwechsel	schützt vor den laufenden Riemen	Schnellspan-nung	mit ihr kann man das Handauf-lagenunterteil rasch auf dem Dreh-bankbett verstellen, um z. B. den Abstand zum Werkstück zu verän-dern
Spindelstock	links an der Drehbank, nimmt den Antrieb mit der Spindel auf		
Drehzahl-schalter	Wahlmöglichkeit für verschiedene Drehzahlen	Reitstock	sitzt rechts und ist das Gegenstück zum Spindelstock; er ist auf dem Drehbankbett verstellbar, damit man die jeweilige Werkstücklänge einstellen kann
Riemenspanner	mit diesem Fußspanner wird der Riemen nach dem Wechsel auf eine andere Riemenscheibe beim Drehzahlwechsel wieder festge-spannt		
		Pinole	ist das Gegenstück zur Spindel und nimmt die Mitnehmerspit-zen auf
Feststeller für die Spindel	um auf die Spindel aufgeschraub-te Spannwerkzeuge besser lösen zu können, kann die Spindel da-mit festgestellt werden; muß jedoch vor dem nächsten Ein-schalten des Motors wieder gelöst werden!	Festspanner für die Pinole	sichert die Pinole bei eingespann-tem Werkstück gegen ein Ver-schieben
		Schnellspan-nung für den Reitstock	stellt den Reitstock auf dem Dreh-bankbett fest
Drehbankbett	trägt den Reitstock und das Hand-auflagenunterteil	Handrad für die Pinole	dient zum Ein- und Ausspannen des Werkstücks, nachdem der Reitstock festgestellt wurde
Handauflagen-unterteil	trägt das Handauflagenoberteil und dient zu dessen Auswechseln und Verstellen		

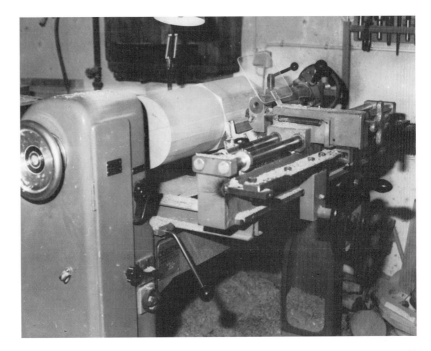

38   Drehen einer Säule mit einer Kopier-einrichtung

Die leichte Drehbank

Die Erfahrung lehrt, daß sogenannte Universal-Hobbymaschinen, die unter anderem auch zur Drehbank umgerüstet werden können, zum Drehen wenig geeignet sind: In der Regel sind die Arbeitsergebnisse unbefriedigend, da diese Maschine zu wenige unterschiedliche Drehzahlen bieten und durch den häufigen Umbau zuviel Spiel in den Passungen ist, was zu Unwuchten führen kann. Wenn die Werkstücke dann nicht mehr rund laufen, wird gerade dem ungeübten Drechsler sein neues Hobby oft verleidet.

Ähnlich ungeeignet sind Bohrmaschinen, die mit einer Zusatzausrüstung zum Drehen verwendet werden können. Hier stehen ebenfalls zu wenige Drehzahlbereiche zur Verfügung, zudem reicht die Leistung für eine stärkere Spanabnahme meist nicht aus, so daß exaktes Arbeiten fast unmöglich wird.

Daneben gibt es aber eine Vielzahl von Drehbänken in Stahlbauweise; diese leichten und preisgünstigen Drehbänke sind nicht nur für den Hobbydrechsler völlig ausreichend, sondern werden auch oft in Handwerksbetrieben zusätzlich zur schweren Drehbank aufgestellt, um verschiedene Zusatzeinrichtungen wie Bohrvorrichtungen, Kannelier- oder Windeapparate ständig zur Hand zu haben.

Wie für die schweren Maschinen aus Gußeisen gibt es für leichte Drehbänke ebenfalls alle erforderlichen Futter- und Zusatzeinrichtungen, zum Beispiel die sogenannten Drehhilfen. Drehhilfen sind Kopiereinrichtungen, die anstelle der Handauflage auf dem Drehbankbett befestigt werden. Mit Hilfe eines Handrades wird ein Drehstahl mittels einer Schablone gesteuert und kopiert so die Form eines Musters auf das Werkstück.

Auf Grund der leichten Bauweise sollte man bei Drehbänken aus Stahl besonders darauf achten, ob Bodenunebenheiten durch Schrauben ausgeglichen werden können, um einen festen Stand zu erreichen.

Die schwere Drehbank

Drehbänke aus Grauguß sind wesentlich schwerer und stabiler als leichte Drehbänke und laufen ruhig und vibrationsfrei. Beim Kauf einer solchen, allerdings erheblich teureren Drehbank sollte man auf die Angaben des Herstellers achten: So werden nicht nur Baujahr, Typ und Maschinennummer angegeben, sondern auch die Ergebnisse einer Genauigkeitsprüfung, bei der jeweils acht Punkte gemessen werden, zum Beispiel das Drehbankbett in

39 *Spindelstock mit Riemenantrieb*

Längsrichtung und in Querrichtung. In diesem Fall darf die Abweichung auf einen Meter Länge höchstens 0,2 mm betragen. Die tatsächlichen Abweichungen müssen unter diesem Wert liegen und sind in einem Zeichnungsblatt auf einen Hundertstel Millimeter genau angegeben. Wichtig ist vor allem der Rundlauf oder Schlag des Innenkegels der Arbeitsspindel. Hier darf die Abweichung in 300 mm nur 0,05 mm betragen, doch durch heutige Produktionstechnik sind allenfalls 0,02 mm Abweichung üblich.

Der Antriebsriemen läuft im Maschinenständer auf vierfach abgestuften Scheiben, der Motor hat zwei Drehzahlen, so daß sich acht Geschwindigkeiten der Spindel einstellen lassen. Mit dem Schalter für den Motor ist eine auf die Spindel wirkende Bremse kombiniert. Des weiteren befinden sich an der Spindel ein griffiges Handrad und ein Arretierungsstift zum Lösen der Futter.

40 *Reitstock mit Schnell-*
spannung der Pinole

Handauflage und Reitstock haben die bewährte Schnellspannung wie auch die Pinole, bei der sie drei Funktionen erfüllt: Die Schnellspannung dient zur Feineinstellung, wenn ein Werkstück bereits im Reitstock festgespannt ist, sie ermöglicht rasches Umspannen, wenn mehrere Werkstücke gleicher Länge nacheinander bearbeitet werden, und schließlich kann sie die Pinole um bis zu 300 mm verschieben, wenn man zum Beispiel einen Bohrer in der Pinole festspannt und Löcher bohren will.

Der wesentliche Vorteil der schweren Drehbänke ist, daß man jedes Werkstück – ob Langholz oder Querholz – mehrfach umspannen und bearbeiten kann und daß es sofort wieder rund läuft; das Werkstück fluchtet, wie der Fachmann sagt. Dafür sorgt vor allem eine reichlich bemessene Spindellagerung, der wichtigste Teil einer Drehbank, der so konstruiert ist, daß selbst schwere Schläge bei groben Spundfutterarbeiten ohne Schaden abgefangen werden. Zudem verschleißen groß bemessene Lager weniger und laufen ruhiger.

Checkliste für den Kauf einer Drehbank

Größe der Drehbank:
– maximale Einspannlänge für Langholz
– Höhe der Mitte der Spindel über dem Drehbankbett (entspricht dem halben Durchmesser eines Werkstückes in Querholz)
– Höhe der Spindel über dem Fußboden, richtige Arbeitshöhe
– Gewicht der Drehbank
– Standfestigkeit

Fortsetzung ▶

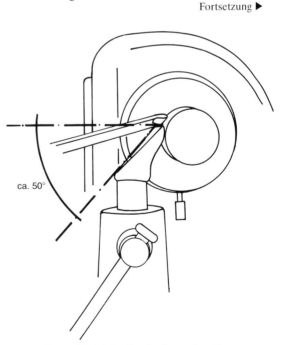

ca. 50°

41 *Spindellager*

42 *Richtiger Winkel des Handauflagenoberteils*

Spindelstock:
- Spindel hohl oder massiv
- verdeckter Riemenlauf
- Wechsel und Spannen des Riemens
- Anzahl der wählbaren Drehzahlen
- Handrad an der linken Spindelseite

Handauflage:
- Einstellen der richtigen Höhe
- Verstellen der Handauflage auf dem Drehbankbett
- lieferbare Handauflagen (verschiedene Breiten)
- wie steil ist die Werkzeugauflage der Handauflage (s. Abb. 42)

Reitstock:
- Verstellen des Reitstocks auf dem Drehbankbett
- Auswechseln des Körners in der Pinole
- Verstellen und Feststellen der Pinole
- Bohren mit der Pinole

Zubehör:
- Grundausstattung mit Zubehör
- lieferbares Zubehör
- lieferbare Spannwerkzeuge
- Wechsel der Spannwerkzeuge

Wenn alle diese Punkte geprüft werden, kann man sicher sein, die richtige Wahl zu treffen.

Die Spannwerkzeuge

Die Aufgabe der Spannwerkzeuge ist es, Werkstücke trotz der auftretenden Fliehkräfte sicher und fest einzuspannen. Je nach dem, ob man Lang- oder Querholz bearbeiten will, braucht man bestimmte Spannwerkzeuge. Die verschiedenen Typen und ihre jeweilige Eignung werden im folgenden erläutert.

Für alle Spannwerkzeuge aber gilt, daß nur ein präziser Rundlauf der Futter und Spannwerkzeuge ein späteres Umspannen erlaubt; daher sind an die Qualität dieser Werkzeuge besonders hohe Anforderungen zu stellen.

Leider sind die Aufspannarten der Spannwerkzeuge auf die Spindel und die Pinole bei Drehbänken

verschiedener Hersteller nicht einheitlich, es ist daher nicht immer möglich – und darauf ist beim Kauf zu achten –, Spannwerkzeuge eines anderen Fabrikates auf der eigenen Drehbank anzubringen. Aus diesem Grund ist es sinnvoll, einen Vergleich der Befestigungsarten verschiedener Hersteller anzustellen, um das praktischste System herauszufinden, bei dem die Futter und Werkzeuge einfach gewechselt werden können.

Der Mitnehmer

Eines der gebräuchlichsten Spannwerkzeuge ist der Dreizack oder Zwirl, doch heute verwendet man meist Vierzack- oder Sechszackmitnehmer, die in drei verschiedenen Größen zum Drehen bereitstehen sollten. Die Zentrierspitze der Mitnehmer ist

44   *Dreizackmitnehmer*

45   *Vierzackmitnehmer*

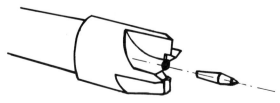

43   *Auswechselbare Zentrierspitze eines Vierzackmitnehmers*

46   *Der Vierkantdorn*

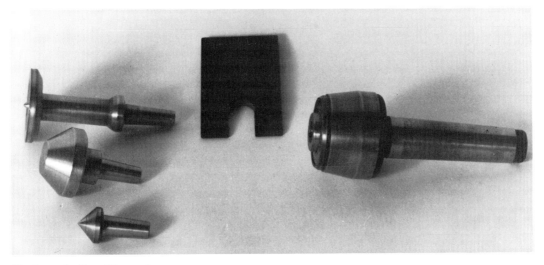

47 *Auswechselbare Körnerspitzen*

häufig auswechselbar: sie wird durch einen kleinen Innenkonus im Mitnehmer gehalten und mit einem Stahlstift gelöst. Dies hat mehrere Vorteile: zum einen soll die Spitze im Mitnehmer kräftig genug sein, damit man die Kanteln zum Ausschrubben mit Hammerschlägen fest auf die Zentrierspitze einschlagen kann. Eine zu große oder zu dicke Spitze hinterläßt jedoch ein unschönes Loch im Werkstück. Zum anderen kann es einem ungeübten Drechsler schon einmal passieren, daß die Spitze beim Ausrichten einer Kantel abbricht.

Der Vierkantdorn ist ein Mitnehmer, der auf der Spindelstockseite eingesetzt wird. Man verwendet ihn für durchbohrte Werkstücke wie zum Beispiel für Lampenschäfte.

Die Körnerspitze

Ebenso wie der Mitnehmer im Spindelstock mit einem Morsekonus gehalten wird, ist die Körnerspitze auf der gegenüberliegenden Seite in der Reitstockpinole befestigt. Eine starre Körnerspitze gehört zur Grundausstattung jeder Drehbank, denn zum Beispiel schwere Säulen dreht man wegen der Stabilität auch heute noch mit dieser starren Körnerspitze. Man gibt einen Tropfen Öl auf die Stelle, an der das Werkstück auf der Körnerspitze eingespannt wird, und gibt nach dem Einspannen nochmals wenig Öl hinzu. Dabei bleiben zwar Ölspritzer selten aus, doch wenn man zuwenig Öl aufträgt, wird die Körnerspitze durch die Reibung am Holz so heiß, daß ein tiefes Loch eingebrannt wird.

Man bevorzugt deshalb heute mitlaufende Körnerspitzen, die nach Möglichkeit auswechselbare Einsätze haben sollten. Den regulären, kegelförmigen

Einsatz kann man für fast alle Arbeiten verwenden; größere Kegeldurchmesser des Einsatzes wählt man, um Werkstücke mit größerer Bohrung – etwa einen schweren Kurbelgriff – drehen zu können. Diese größeren Einsätze haben keine Spitze, sondern die Form eines Kegelstumpfes. Die große Bohrung des Werkstückes zentriert sich seitlich am Kegelstumpf. Wenn man Kugeln drehen und über Kreuz spannen will, braucht man einen trichterförmigen Einsatz (s. Seite 103ff.). Langschäftige Einsätze benötigt man, wenn ein Werkstück an der Stirnseite eine Vertiefung oder Sackbohrung – so nennt man Bohrungen, die nicht durch das ganze Werkstück gehen – aufweist.

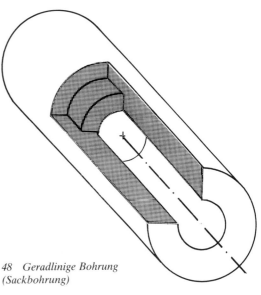

48 *Geradlinige Bohrung*
(Sackbohrung)

49 *Körnerspitze mit aufgesetztem Druckring*

Für nicht allzu große Querholzscheiben verwendet man Körnerspitzen mit tellerflachen Einsätzen von 3 bis 5 cm. Damit kann man Querholzscheiben gegen ein im Spundfutter plangestochenes Holz drücken und so einfach von außen bearbeiten. Bei schweren Werkstücken oder bei weichem Holz setzt man bei einer abgestuften Körnerspitze einen Druckring auf. Damit erreicht man bei schweren Werkstücken einen sicheren Halt und verhindert bei weichem Holz, daß die Zentrierspitze zu tief eindringt.

Das Spundfutter

Das bekannteste und gebräuchlichste Futter ist das einfache Spundfutter mit einem konischen Loch. Es ist etwa 10 bis 12 cm lang und hat einen Gesamtdurchmesser von 5 bis 12 cm. Die Größe eines Spundfutters wird allerdings nach der konischen Bohrung zum Einschlagen der Hölzer bestimmt, die sich auf der einen Seite befindet. Auf der anderen Seite ist ein Innengewinde passend für die Drehbankspindel.

Das Spundfutter, das auch Hohl- oder Einschlagfutter genannt wird, benutzt man zum »fliegenden Drehen«, zum Drehen ohne Reitstock; dadurch können zum Beispiel Möbelknöpfe, Eierbecher oder ähnlich geformte Objekte an der Stirnseite bearbeitet werden, da das Werkstück nur an einer Seite eingespannt wird. Um beispielsweise Möbelknöpfe zu drehen, schlägt man eine etwa 25 cm lange, ausgeschrubbte und an einer Seite leicht konisch gedrehte Kantel in das Spundfutter ein. Man kann den ersten Möbelknopf drehen, schleifen und abstechen, sodann den zweiten Möbelknopf drehen usw., bis das Holz aufgebraucht ist.

Zu einer gut ausgerüsteten Drehbank sollten etwa drei Spundfutter mit verschieden großen Öffnungen gehören, man kann allerdings auch in ein größeres Spundfutter einen Holzeinsatz einschlagen, diesen passend ausdrehen und so ein kleineres Futter erhalten.

Weitere Verwendungsmöglichkeiten des vielseitigen Spundfutters werden in den entsprechenden Abschnitten zu einzelnen Arbeitstechniken wie zum Beispiel dem Tieflochbohren aufgeführt (vgl. S. 93).

50 *»Fliegend Drehen«*

*51 Einschlagen des Werk-
stückes in das Spundfutter*

*52 Ausrichten des Werk-
stückes im Spundfutter*

*53 Spundfutter
in drei Größen*

Das Heurekafutter

Hierzulande kaum bekannt, doch östlich der Elbe
und besonders im Erzgebirge verbreitet ist das Heurekafutter, das auch kurz »Anschlag« genannt wird.
Es ist enorm praktisch und spart Zeit: Man kann
zum Beispiel einen nicht zu langen Kantelabschnitt
mit seiner Stirnseite in das Futter einschlagen und
sogleich zu drehen beginnen. Die Kantel braucht

54 Heurekafutter mit Auswerfer

49

55 *Auswerfen eines Reststückes aus dem Heurekafutter*

nicht, wie bei dem Spundfutter, zuvor in einem eigenen Arbeitsgang ausgeschrubbt und an einem Ende konisch gedreht zu werden. Das Prinzip ist einfach: das Heurekafutter enthält zwei feste, im Querschnitt spitzwinkelige Eisenringe, von denen der äußere Ring etwa 5 cm und der innere Ring etwa 3 cm Durchmesser hat. Diese geben dem Holz den notwendigen Halt. Eine seitlich angebrachte Nut, durch die auch die Ringe unterbrochen werden, dient zum Auswerfen des Reststumpfes, den man mit einem kleinen, leicht gekröpften Flacheisen entfernt.

Das Schraubenfutter

Nur zum Drehen von Querholz verwendet man das Schrauben- oder Scheibenfutter. Auf der einen Seite hat das Schraubenfutter ein Innengewinde für die Drehbankspindel, auf der anderen Seite sitzt ein Flansch von etwa 12 cm Durchmesser, in dessen Mitte eine kräftige Holzschraube fest verankert ist. Ein Querholz, das man aufspannen möchte, wird zunächst in der Mitte passend für die Schraube des Schraubenfutters gebohrt. Diese Bohrung soll stets einige Millimeter tiefer sein, als sie zum ersten Aufschrauben sein müßte. Mit einem einfachen Kniff kann man dann spätere Schäden vermeiden: Wenn man einige etwa 5 mm starke, durchbohrte

Sperrholzscheiben zwischen dem Futterflansch und dem Querholz, das aufgeschraubt wird, aufsteckt, genügen zwei bis drei Drehungen auf die Schraube, um das Werkstück bereits fest zu spannen. Reißt das Gewinde in dem Werkstück einmal aus, braucht man lediglich eine oder zwei Sperrholzscheiben zu entfernen und kann das Holz erneut fest aufschrauben, da das Loch für die Schraube zuvor etwas tiefer ausgebohrt worden war. Ohne die dazwischen aufgesteckten Sperrholzscheiben wäre ein erneutes Festspannen nicht mehr möglich. – Beim Aufspannen ist aber besonders darauf zu achten, daß das

56 *Schraubenfutter mit Distanzscheiben*

57 Auf ein Schrauben-
futter aufgespanntes
Werkstück

zuvor möglichst abgerichtete Holz nahtlos an dem Flansch oder den zwischengelegten Scheiben anliegt, weil die Schraubverbindung alleine das Werkstück nicht halten kann.

Das Dreibackenfutter

In der Metallbearbeitung ist das Dreibackenfutter das übliche Futter, um Werkstücke zu spannen, beim Drehen von Holz dagegen benutzt man es, um mit seinen Außenbacken Querholz zu spannen. Für diesen Zweck sind ein kleineres Dreibackenfutter mit etwa 80 mm Durchmesser, in das man auch einen Bohrer einspannen kann, und ein größeres mit höchstens 150 mm Durchmesser recht nützlich. Vorsicht ist aber bei einem noch größeren Durchmesser geboten: Zum einen fliegen einem bedingt durch die hohe Drehzahl und durch eine Art Ventilatoreffekt Späne und Staub ins Gesicht, zum anderen kommen die Hände beim Drehen recht nahe an das Dreibackenfutter.

Seine Vorteile treten zutage, wenn man zum Beispiel einen Brotteller drehen möchte: Mit einem auf der Rückseite angedrehten Rand läßt sich ein Teller hervorragend einspannen, und wenn die Drehbank stillsteht, kann man genau die Stärke des Bodens zwischen den Spannbacken fühlen.

Zu jedem Dreibackenfutter gehören zwei Sätze auswechselbarer Backen: Die drei Innenbacken spannen ein Werkstück von innen nach außen und umgekehrt die drei Außenbacken von außen nach innen. Jeder Satz ist, wie auf der Abb. 58 ersichtlich, dreifach abgestuft, so daß sich ein großer Spannbereich ergibt.

58   Dreibackenfutter

51

59 Grundsätzlich ist der Schlüssel zu entfernen!

Zur Sicherheit sollte man aber einige besondere Regeln für den Umgang mit dem Dreibackenfutter beherzigen:

1. Die Backen dürfen nicht über den Durchmesser des Futters herausgefahren werden
2. Werkstücke müssen plan an den Backen anliegen
3. Kleine Spanndurchmesser bei großem Drehdurchmesser des Werkstückes müssen vermieden werden
4. Nie zu kurz spannen
5. Nie mit dem Hammer auf die Backen schlagen, um das Futter von der Spindel zu lösen
6. Man darf keine Rohrverlängerung für den Spannschlüssel verwenden und den Schlüssel nie im Futter stecken lassen, denn wenn die Drehbank unbeabsichtigt anläuft, würde der Schlüssel wie ein Geschoß davongeschleudert.

Die ebenfalls erhältlichen Vierbackenfutter sind für normale Dreharbeiten ungeeignet, da sie schlechter spannen als ein Dreibackenfutter; Vierbackenfutter sollten daher nicht verwendet werden.

Das Vakuumfutter

Seit dem Experiment des Physikers Otto von Guericke zu Magdeburg in der Mitte des 17. Jh.s ist erwiesen, daß selbst zwei Pferde nicht in der Lage sind, zwei Stahlhalbkugeln an Seilen auseinanderzuziehen, wenn zuvor die im Inneren befindliche Luft herausgepumpt wird. Nach diesem Prinzip arbeitet das Vakuumfutter, das von Drechslern auch Saugfutter genannt und als Einspannmethode für Querholz geschätzt wird.

Die Funktionsweise des Vakuumfutters beruht auf dem Luftdruck, der auf jeden Körper wirkt und pro Quadratzentimeter einem Kilogramm entspricht. Diese Kraft wird als 1 bar bezeichnet. Wenn man die Luft hinter einer eingespannten Querholzscheibe herauspumpt, wird sie durch den natürlichen atmosphärischen Druck so fest an das Futter gedrückt, daß man sie mit aller Kraft nicht von vorne losreißen kann. Welche Kraft man dazu benötigte, läßt sich leicht ausrechnen: Die Saugfläche des Futters in cm^2 malgenommen mit dem Luftdruck in bar ergibt den Anpreßdruck in kg. Dadurch wird verständlich, daß die Spannkraft eines größeren Vakuumfutters größer ist als die eines Futters mit kleinerem Durchmesser; man sollte also stets das größtmögliche Vakuumfutter verwenden. Der Vakuumerzeuger ist durch eine Leitung mit der Drehbankspindel verbunden; der Unterdruck wird durch ein Vakuummeter angezeigt, dessen Skala bei 0 beginnt und bei −1 endet.

Die meisten Vakuumerzeuger erreichen einen Unterdruck von 90 Prozent, das Vakuummeter zeigt dann −0,9 bar an. Wenn eine Querholzscheibe ein Ästchen, einen Riß oder Wurmlöcher hat, werden oft nur −0,3 bar oder weniger erreicht, doch der Anpreßdruck sollte mindestens −0,6 bar betragen, da sonst kein ausreichender Halt gegeben ist.

Der Nachteil der Vakuumspannung ist, daß ein Werkstück zwar nicht von vorne gelöst werden kann, daß es sich von der Seite her aber verschieben läßt. Wenn man daher einen groben Span abnimmt, um rascher zu arbeiten, kann sich das Werkstück leicht seitlich verschieben; die daraus entstehende Unwucht wird unversehens größer, und die Scheibe wird davongeschleudert. Auf Grund dieses Nachteiles sollte man nicht mit hohen Drehzahlen arbeiten, um Unfällen vorzubeugen. Zur Vorsicht sollte man beim Drehen immer vor, nie jedoch seitlich neben der eingespannten Scheibe stehen!

60 Vakuumfutter mit herausnehmbarer Zentrierspitze

62 *Vakuumpumpe*

Die Vorteile des Vakuumfutters überwiegen jedoch: Zum einen lassen sich die Werkstücke sehr schnell ein- und ausspannen, und zum anderen bleiben die Rückseiten glatt und plan, lediglich das Körnerpünktchen der Zentrierspitze ist nach dem Drehen sichtbar.

Ein besonderer Vorteil des Vakuumfutters ist aber auch, daß selbst Drehteile, die sonst schwierig aufzuspannen sind wie zum Beispiel verleimte Ringe oder Drehteile in Form eines Kugelabschnittes, eingespannt werden können. In solchen Fällen kann man sich mit etwas Geschick selbst ein passendes Futter herstellen. Als Grundfutter nimmt man ein gewöhnliches Schraubenfutter und schraubt eine 4 bis 5 cm starke Holzscheibe auf. In diese Holzscheibe dreht man eine Nute, in die man einen Gummidichtring einlegt, wie sie für Kunststoff-Abflußrohre verwendet werden.

Der Vakuumerzeuger und damit der Spannvorgang wird durch ein Fußventil reguliert, es sind aber auch einfache Dreiweghähne erhältlich, die mit der

63 *Einfach anzufertigendes Vakuumfutter*

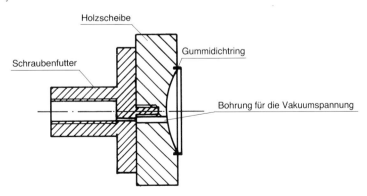

Hand bedient werden. Ein Vakuumerzeuger schaltet sich – im Gegensatz zu einem Kompressor – während des Arbeitsvorganges nicht ab.

Die Stachelscheibe

Gewissermaßen ein Vorgänger des Vakuumfutters ist die Stachelscheibe, die man auch Stiftfutter nennt. Es handelt sich dabei um eine plan gedrehte Holzscheibe, die auf dem Schraubenfutter sitzt, wobei die Zentrierspitze etwas vorsteht. Eine Stachelscheibe kann man selbst herstellen, indem man vier flache Metallstifte oder flach gefeilte Nägel ziemlich weit außen auf der Holzscheibe einschlägt und mit den flachen Seiten in eine Richtung ausrichtet, da sie mit dem Faserverlauf des aufzuspannenden Holzes parallel stehen müssen. Ein fünfter Metallstift wird als Zentrierspitze mittig so in die Holzscheibe eingeschlagen, daß er gegenüber den anderen etwas vorsteht.

Mit einem kräftigen, aber zugleich vorsichtigen Schlag wird das Werkstück eingespannt. Doch dieses früher gebräuchliche Futter eignet sich nur für ganz flache Teller, für Rosetten mit schwachem Profil oder Frühstücksbrettchen.

Das Spannzangenfutter

Das Kernstück dieses Futters ist die Spannzange, die sowohl in Stabautomaten wie auch auf gewöhnlichen Drehbänken wechselseitig verwendet werden kann.

Da das Spannzangenfutter völlig rund ist und keinerlei vorstehende Teile oder Backen hat, ist es ungefährlich, nahe an der Spindel zu arbeiten, denn der Außendurchmesser des Futters ist gering. Der Spannbereich liegt im allgemeinen zwischen 5 und 25 mm, die einsitzende Spannzange faßt jedoch nur etwa 2 mm. Man muß daher mehrere Einsätze an Spannzangen haben. Ein Rundstab wird von hinten durch die Hohlspindel in das Futter geführt. Eine griffige Überwurfmutter drückt die im Futterkörper einsitzende Spannzange durch einen Konus zusammen, und der Rundstab sitzt fest. Um den Rundstab nach Fertigstellung eines Drehteiles erneut vorschieben zu können, löst man die gerändelte Überwurfmutter mit einer halben Umdrehung, schiebt den Stab etwas vor, und zieht die Überwurfmutter wieder an. Das Ganze geht nicht nur schnell, das Werkstück läuft auch rund.

Das Kittfutter

Um kleine und kleinste Holzscheibchen bei laufender Maschine kontinuierlich aufspannen und wieder abnehmen zu können, kann man sich die Eigenschaften des Siegellacks zunutze machen. Zunächst schlägt man einen Holzrest von etwa 5 bis 10 cm Länge in das Spundfutter ein. Sodann dreht man den Durchmesser einige Millimeter kleiner als das Holzscheibchen, das man aufspannen möchte. An der Stirnseite wird der Spundrest geradegestochen und bekommt eine kleine Körnung im Zentrum. Dort wird ein Nägelchen eingeschlagen und mit einer Feile bei laufender Maschine angespitzt. Diese kleine Zentrierspitze ist lediglich eine Einspannhilfe.

Nun nimmt man eine Stange Siegellack, die man in Schreibwarengeschäften bekommt, und hält sie an die Stirnseite des »Futters«. Durch die Reibungswärme verflüssigt sich der Siegellack und haftet dort. Während man ein Holzscheibchen zur Hand nimmt, ist der Siegellack bereits wieder erhartet.

Dann hält man das Holzscheibchen gegen die Fläche mit dem Siegellack, der sich erneut erwärmt, das Scheibchen mitnimmt und schließlich festhält. Nun kann man es drehen, schleifen oder polieren. Ohne die Maschine abzustellen, springt das Scheibchen durch einen leichten Schlag an den überstehenden Rand wieder ab.

Die Planscheibe

Durch die zunehmende Spezialisierung der Drechslereibetriebe auf bestimmte Arbeiten ist die Planscheibe für große Drehteile aus Querholz längst nicht mehr in jeder Drechslerei anzutreffen.

Planscheiben gibt es in allen Durchmessern zwischen 200 und 1200 mm und in drei Typen. Die erste Ausführung ist völlig plan ohne Schlitze. Meist ist Schleifpapier aufgeklebt, um ein seitliches Verrutschen des Werkstückes zu verhindern, da eine zu drehende Scheibe oder eine auszuschrubbende Schüssel mit Hilfe des Reitstocks gegen die Planscheibe gedrückt wird und so bequem und schnell gespannt werden kann. Wenn man ohne den Gegendruck des Reitstockes arbeitet wie zum Beispiel beim Drehen großer Ringe, können die Drehteile mit einer Zwischenlage Papier aufgeleimt werden. Diese Methode ist etwas langwierig, weil man stets warten muß, bis der Leim abgebunden hat. Ebenso gut kann man beidseitig klebendes Klebeband verwenden, das auch als breite Rollenware erhältlich ist. Die Haltbarkeit ist bei diesem Verfahren zwar ausreichend, doch nicht so hoch wie beim Leimen. Größeren Halt der Werkstücke erzielt man auf Planscheiben mit Aufspannschlitzen. Die Werkstücke werden meist von hinten mit Holzschrauben befestigt oder auf selbstgefertigten Bügeln aus Flacheisen befestigt. Die Schlitze lassen es zu, daß ein Werkstück seitlich verschiebbar ist und der Rundlauf ohne Mühe zu korrigieren ist.

66   Ablaufsicherung

Die dritte Ausführung der Planscheibe mit Schlitzen und Backen sollte man nur mit einem Support zum Drehen verwenden, da beträchtliche Verletzungsgefahr besteht.

Die Ablaufsicherung

Seit geraumer Zeit werden Drehbänke serienmäßig mit einer Bremse ausgestattet, doch bei hartem Abbremsen besteht die Gefahr, daß schwere Futter von der Spindel ablaufen. Um dies zu verhindern, haben zum Beispiel die Flansche größerer Dreibakkenfutter an der Rückseite zwei Klauen, die in eine umlaufende Nut am Gewindeanschlag der Drehbankspindel greifen. Beim Aufschrauben des Futters – Planscheiben und Vakuumfutter sind ebenfalls mit dieser Ablaufsicherung ausgestattet – greifen die Klauen gleich passend in die Haltenut. Diese werden mit einer halben Umdrehung an zwei Schrauben angezogen.

Sicherheitsvorkehrungen beim Einspannen

Im Interesse der eigenen Sicherheit sollten die folgenden Hinweise unbedingt beachtet werden, denn Nachlässigkeiten beim Einspannen haben schon tödliche Unfälle verursacht.

So sollte man es sich zur Angewohnheit machen, die Spindeldrehzahl zu überprüfen, indem man den Motor kurz einschaltet, bevor ein Werkstück eingespannt wird. Selbst erfahrenen Drechslern passiert es gelegentlich, daß sie den Antriebsriemen versehentlich auf die kleine statt auf die große Stufe der Spindelriemenscheibe legen. Wenn die Maschine dann mit höchster statt mit niedrigster Drehzahl anläuft, können eingespannte Werkstücke zu lebensgefährlichen Geschossen werden.

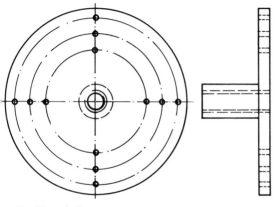

65   Planscheibe

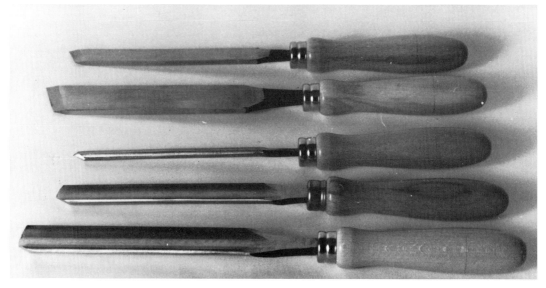

67 *Röhren und Meißel unterschiedlicher Größe*

Ebenso gefährlich kann es werden, wenn man den Spannschlüssel eines Dreibackenfutters im Futter stecken läßt, nachdem es auf die Drehbankspindel aufgeschraubt wurde. Man sollte den Schlüssel nach jedem Festspannen oder Ausspannen des Werkstücks aus dem Futter nehmen und beiseite legen.

Beim Einspannen und Festschlagen einer Holzkantel für das Fliegenddrehen gilt die Regel, daß der zu drehende Rohling, der aus dem Futter hervorsteht, desto kürzer sein muß, je größer der Durchmesser des Werkstücks ist. Bevor man den Motor anlaufen läßt, dreht man die Spindel mit der Hand, um nachzuprüfen, ob das Werkstück gerade eingespannt wurde und nicht etwa auf der Handauflage aufschlägt. Gegebenenfalls ist das Werkstück zu richten.

Wird ein Vakuumfutter benutzt, darf man ein Querholzstück nur von vorne bearbeiten, da ein Vakuumfutter seitlich Verschiebung zuläßt. Dreht man mit der Röhre einen zu groben Span ab, besteht die Gefahr, daß sich das Werkstück vom Futter löst. Natürlich sollte man auch den Vakuummeter ständig beobachten und bei einem Abfall des Unterdrucks sofort den Motor ausschalten und die Ursache des Druckabfalls beseitigen.

Bei allen Spannarten ist vor dem Beginn des Drehens zu prüfen, ob die Drehzahl stimmt, alle Spannteile und das Werkstück fest sitzen, ob die Handauflage richtig steht und das Werkstück nicht aufschlägt.

Ob ein Werkstuck wirklich mittig sitzt und keine Unwucht entstehen kann, stellt man fest, indem man es zuvor mit der Hand einige Male dreht.

Grundsätzlich sollte man ein Werkstück nicht zu schnell drehen lassen, weil die Fasern geschnitten werden müssen. Beim Ausschrubben beginnt man mit einer niedrigen und wählt danach eine höhere Drehzahl.

Querholzdrehen

Durchmesser in cm	Drehzahl in U/min
bis 3,5	bis 3000
bis 25 (je nach Dicke)	900–1100
über 25	300–450

(für Arbeiten mit dem Flachschaber wählt man 1100 U/min)

Langholzdrehen

zwischen 1100 bis 2200 U/min
zum Ausschrubben 1100 U/min oder weniger

Zum Schluß noch ein praktischer Hinweis:
Man sollte ein Futter nie auf das Spindelgewinde aufschrauben, indem man den Motor anlaufen läßt. Selbst mit Hammerschlägen kann das Futter später nicht mehr von der Spindel gelöst werden. Hat sich das Futter doch einmal so sehr festgezogen, kann man sich nur behelfen, indem man Wasser zur Kühlung mit einem kleinen Schlauch durch die Hohlspindel fließen läßt und mit einem Schweißbrenner oder einer Gaslötlampe den Gewindeflansch des Futters gleichmäßig erwärmt. Durch die unterschiedliche Ausdehnung läßt sich das Futter wieder abschrauben.

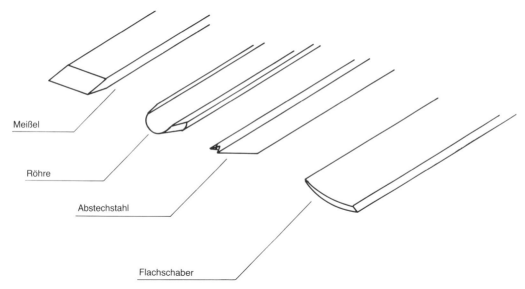

Meißel

Röhre

Abstechstahl

Flachschaber

68   *Grundwerkzeuge zum Handdrehen*

Die Werkzeuge zum Handdrehen

Als Grundausrüstung benötigt ein Drechsler zum Handdrehen nur zwei Meißel und drei Röhren; mit diesen fünf Werkzeugen legen selbst Drechslergesellen ihre Meisterprüfung ab. Darüber hinaus gibt es noch den Abstechstahl, den Flachschaber und den Vierkantstahl sowie einige Werkzeuge für besondere Aufgaben.

Die Röhre

Zweckmäßigerweise sollte man sich drei Röhren in Breiten von 10 mm, 20 mm und 30 mm zulegen. Die breiteste Röhre wird als Schrubbröhre bezeichnet, da man sie immer zum Ausschrubben zuerst zur Hand nimmt. Im Gegensatz zu den beiden anderen Röhren ist sie ziemlich gerade geschliffen, damit man auch mit den Kanten arbeiten kann. Außerdem bietet der nur gering gewölbte Schliff eine größere Angriffsfläche für den Span.

Die mittlere Röhre, die sogenannte Formröhre, ist das geeignete Werkzeug zum Langholzdrehen und dabei zum Drehen von allen konkaven, also nach innen gewölbten Formen. Sie wird auch zum Querholzdrehen eingesetzt. Der Schliff der Formröhre ist in der Draufsicht spitzer ausgeführt als bei der Schrubbröhre. Die Kanten des Schliffes sind weit herum gezogen, damit sie beim Drehen enger Profile nicht stören. Zum Drehen von Querholz ist dieser Schliff Voraussetzung. Wird oft Querholz bearbeitet, empfiehlt sich eine Röhre in langer Ausführung, die insgesamt stabiler ist. Sie gewährleistet

bei tiefem Ausdrehen eine bessere Werkzeugführung. Die kleinste Röhre ist geschliffen wie die Formröhre und dient beim Langholzdrehen zum Ausdrehen ganz enger Kehlen. Mit dieser Röhre bearbeitet man das Hirnholz beim Fliegenddrehen

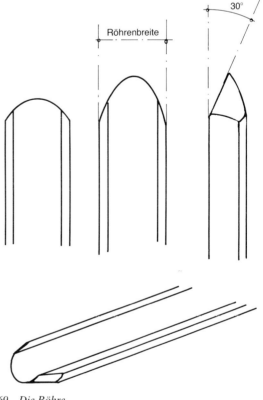

Röhrenbreite

30°

69   *Die Röhre*

57

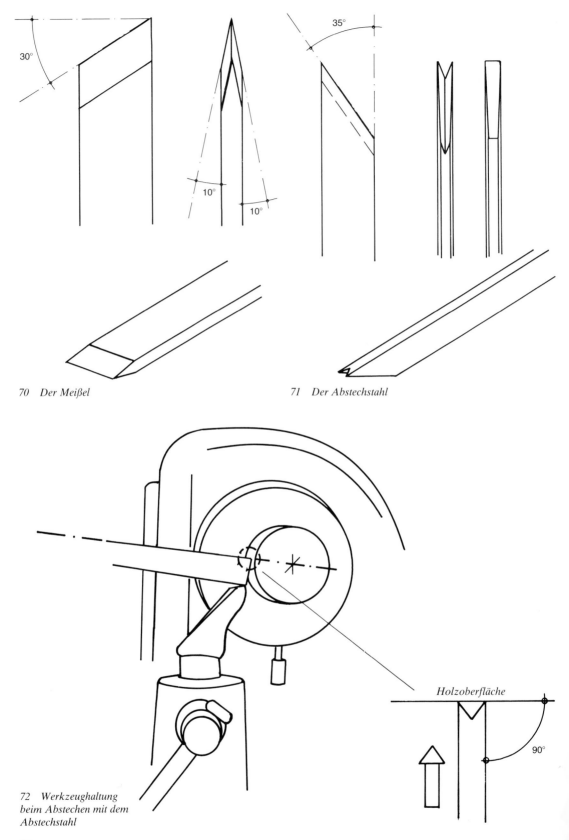

70 Der Meißel

71 Der Abstechstahl

72 Werkzeughaltung
beim Abstechen mit dem
Abstechstahl

Holzoberfläche

und nimmt beim Querholzdrehen an kritischen Stellen den letzten Span ab. Wird die äußere Form beim Querholz (die Außenrundung einer Schale) gedreht, ist mit der mittleren Formröhre keine saubere Oberfläche zu erreichen. Bei der sich drehenden Holzscheibe wechselt viermal pro Umdrehung die Faserrichtung des Holzes und ergibt drei verschiedene Oberflächenqualitäten.

Dreht man dagegen mit der kleinen Röhre – die sehr gut geschärft sein muß – einen haarfeinen Span ab, bleibt eine rundum glänzende Oberfläche zurück, so daß man kaum noch zu schleifen braucht.

Der Meißel

Nur zum Langholzdrehen benutzt man Meißel, von denen man einen mit 15 mm Breite und einen mit 30 mm Breite haben sollte. Den schmaleren Meißel nimmt man für Einstiche, zum Abstechen und zum Drehen jeglicher Rundungen bei konvexen, also nach außen gewölbten Formen. Hauptsächlich zum Schlichten und zum Einstechen von Werkstücken mit größerem Durchmesser braucht man den breiteren Meißel. Beide Meißel sind in gleicher Art von beiden Seiten geschliffen, so daß die eine Seite einen spitzen, die andere Seite einen stumpfen Winkel zur Außenkante bildet. Die spitzwinklige Seite dient zum Einstechen, mit der stumpfwinkligen Seite dreht man nach außen gewölbte Formen. Mit dem unteren Drittel der Schneide wird geschlichtet. Wer viel Langholz dreht, kann zusätzlich noch einen weiteren Meißel mit einer Breite von 20 bis 25 mm hinzunehmen.

Der Abstechstahl

Wenn man teure Hölzer verarbeitet, bevorzugt man den Abstechstahl, um möglichst wenig Material zu vergeuden. Man benutzt ihn aber auch, wenn es mehr auf schnelles als auf sauberes Arbeiten ankommt. Meist sind Abstechstähle allerdings zu breit und unpassend geschliffen; zu breite oder planschräg angeschliffene Abstechstähle rattern beim Drehen. Richtig sind eine Breite von 2 bis 3 mm und ein Schliff in Form einer Spitzkehle, so daß beim Drehen links und rechts eine Spitze zum Schnitt gelangt.

Beim Abstechen sticht man höchstens 10 mm tief ein und etwa eine halbe Stahlbreite daneben nochmals, um etwas Freiraum zu bekommen. Man sticht wiederum im ersten Einstich weiter und wiederholt es im zweiten Einstich. Dadurch vermeidet man, daß der Stahl durch seitliche Reibung erwärmt wird, klemmt oder verläuft. Vor dem Abstechen ist

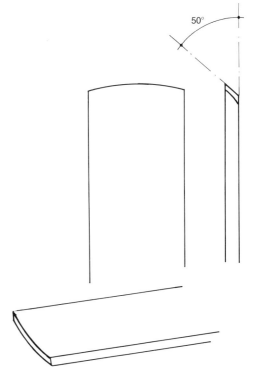

73 Der Flachschaber

die Handauflage so tief einzustellen, daß eine gedachte Linie von der oberen Kante des Abstechstahls durch die Mitte des Werkstückes verläuft (Abb. 72).

Der Flachschaber

Ausschließlich zum Schlichten planer Flächen beim Querholz dient der Flachschaber, der etwa 25 mm breit sein sollte. Er ist einseitig geschliffen und in der Draufsicht leicht ballig. Das Besondere an die-

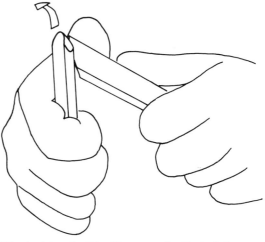

74 Anziehen des Schneidgrates an den Flachschaber

sem Werkzeug, das wie eine Ziehklinge schneidet, ist der Grat. Der Schaber wird wie eine Röhre am Schleifstein geschärft und abgezogen. Man gibt einen Tropfen Öl auf die Schneide, und mit dem Rücken der kleinen Röhre drückt man in einem Zug über die ganze Breite der Schneide den Grat an. Dabei wird die Röhre etwas nach oben geschoben! Auf keinen Fall darf man dabei absetzen oder ein zweites Mal ansetzen. Nun ist das Werkzeug fertig zum Schneiden.

Zum Schlichten von Querholz wird der Schaber im leichten Winkel nach oben an das drehende Werkstück gehalten und die Fläche glattgedreht. Dabei zieht man den Flachschaber mit gleichmäßigem Druck von der Mitte des Werkstücks nach außen.

Die Sonderwerkzeuge

Der Vollständigkeit halber sei noch der Ausdrehhaken vorgestellt, den man für besonders tiefe Aushöhlungen benutzt. Da dieses Werkzeug leicht im Holz verhakt, ist sein Gebrauch gefährlich; selbst in gewerblichen Drechslereien wird er nur von erfahrenen Gesellen und Meistern eingesetzt. In manchen Fachbüchern werden noch Bodeneisen, Formplattenstähle, Baucheisen, Spitz-, Schrot- oder Stichelstähle erwähnt, denen eines gemeinsam ist: diese Werkzeuge drehen nicht, sondern schaben. Da die Holzfasern durch Schaben aufgerissen werden und manchmal Löcher im Holz zurückbleiben, erreicht man eine glatte Oberfläche nur durch zeitraubendes Schleifen.

Das Schärfen der Drehwerkzeuge

Sämtliche Drehwerkzeuge sollten immer gut geschärft sein; man erleichtert sich dadurch die Arbeit und dreht sauberer. Um ein Werkzeug zu schärfen, bedarf es immer zweier Arbeitsgänge: des Schärfens und des Abziehens.

Zum Schärfen benötigt man einen Schleifbock. Nach der Drehbank ist ein Schleifbock die wichtigste Anschaffung für jeden Drechsler, weil er zum Schärfen der Werkzeuge unerläßlich ist. Es gibt diese Maschinen mit einer oder mit zwei Schleifscheiben zu kaufen.

Langfristig gesehen dürfte ein Schleifbock mit zwei Schleifscheiben die bessere Investition sein. Grundsätzlich gibt es diese Maschinen mit einem eigenen Ständer oder sie lassen sich auf der Werkbank befestigen. Die Schutzhaube sollte nachstellbar

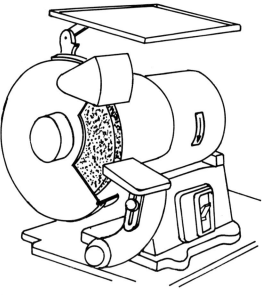

76 *Schleifbock zum Schleifen von Werkzeugschneiden*

60

77 *Schleifbock mit zwei*
Schleifscheiben

sein, damit der Höchstabstand zur Schleifscheibe maximal 5 mm beträgt; außerdem muß die Schutzhaube die Schleifscheibe bis auf eine 65° große Öffnung verdecken. Die Schleifauflage muß ausreichend groß sein und darf sich nur bis zu 3 mm an die Schleifscheibe nachstellen lassen. Die Schleifscheiben müssen mit Spannflanschen befestigt werden, die mindestens ein Drittel des Schleifscheibendurchmessers betragen. Die Schleifscheibenflansche müssen gleich groß und hinterdreht sein, zwischen den Flanschen und der Schleifscheibe sollen sich elastische Zwischenlagen befinden.

Für das Schärfen der handelsüblichen Drechslerwerkzeuge eignen sich Schleifscheiben mit künstlichen Schleifmitteln – der Fachmann spricht von künstlichen Korunden – mit einem Gehalt von 97 Prozent Aluminiumoxid. Die Körnung der Scheibe – sie gibt die Größe der in der Scheibe enthaltenen Schleifkörner an – wird mit denselben Zahlenwerten bezeichnet wie bei den Schleifpapieren. Das wichtigste Merkmal der Schleifscheiben ist die jeweilige Härte, die sich nicht aus der Härte der Körner, sondern aus der Elastizität des Bindemittels ergibt; das bedeutet, welchen Widerstand das Bindemittel beim Schleifen leistet, bevor sich ein stumpfes Schleifkorn löst. Für das Schleifen der Drehwerkzeuge zieht man Scheiben mit keramischen Bindemitteln vor, die mit einem V gekennzeichnet werden.

Ein weiteres Kriterium, nach dem Schleifscheiben klassifiziert werden, ist die Struktur, die das Verhältnis zwischen Schleifmittel und Bindemittel, also die Porosität, angibt. Die drei folgenden Tabellen geben einen Überblick über die Klassifizierungen nach Körnung, Härte und Struktur.

Klassifizierung der Körnungen

sehr grob	grob	mittel-grob	fein	sehr fein	extra fein
8	14	30	70	150	280
10	16	36	80	180	320
12	20	46	90	220	400
	24	50	100	240	500
		54	120		600
		60			

Klassifizierung der Härte

sehr weich	weich	mittelhart	hart	sehr hart
E	I	M	P	S
F	J	N	Q	T
G	K	O	R	U
H	L			V

Klassifizierung der Struktur

wenig offen	offen	ganz offen	porös	superporös
1	5	9	13	17
2	6	10	14	18
3	7	11	15	19
4	8	12	16	20

Jede Scheibe trägt einen Aufkleber mit der Zulassungsnummer des Deutschen Schleifscheibenausschusses. Darüber hinaus geben die Hersteller die Größe, die höchstzulässige Drehzahl und die Umfangsgeschwindigkeit einer Scheibe an.

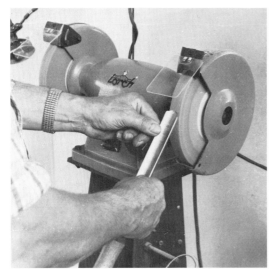

78/79   *Eine Röhre wird geschliffen.*

Zum Schärfen der Röhren und Meißel, die man zum Drehen von Hand verwendet, sollten Scheiben mit einem Durchmesser von 200 mm und einer Dikke von 25 mm benützt werden. Die Spezifikation der geeigneten Scheiben lautet:

40 A   (Schleifmittel)
60   (Körnung)
K   (Härte)
6   (Struktur)
V oder L   (Bindemittel).

Bevor eine Scheibe zum ersten Mal auf den Schleifbock gespannt wird, untersucht man sie auf Risse oder Brüche. Man sollte sie dazu sehr vorsichtig mit einem Hammer abklopfen; eine intakte Scheibe gibt ein klares, metallisches Geräusch dabei von sich. Danach vergleicht man die auf der Scheibe angegebene Geschwindigkeit mit der Geschwindigkeit des Schleifbocks, weil eine Scheibe nie schneller laufen darf, als es die Aufschrift besagt. Zwischen die Flansche legt man Kartonscheiben, wenn

der Hersteller nicht bereits Lagen auf die Scheibe geklebt hat. Die Flansche werden nicht zu fest angezogen, weil die Schleifscheiben zerbrechlich sind. Vor Arbeitsbeginn läßt man neue Scheiben etwa fünf Minuten zur Probe laufen, ohne zu schleifen. Währenddessen darf sich niemand im Gefahrenbereich um den Schleifbock aufhalten. Gelegentlich kann man feststellen, daß ein Schleifbock nach dem Abschalten des Motors beim Auslaufen kurz vibriert und dann wieder ruhig läuft. Das liegt an einer Unwucht der Scheibe, die durch eine unterschiedliche Dichte innerhalb der Scheibe bedingt ist. Bei einem Schleifbock mit zwei Scheiben kann man eine geringfügige Unwucht dadurch beheben, daß man den Flansch löst, eine der beiden Scheiben um eine halbe Umdrehung weiterschiebt und wieder befestigt. Die Schwerpunkte der Scheiben liegen sich dann gegenüber, und der Schleifbock läuft wieder ruhig.

Bei Schleifböcken mit zwei Schleifscheiben sollte man rechts eine feinere und links eine gröbere

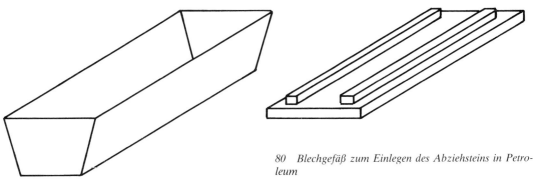

80   *Blechgefäß zum Einlegen des Abziehsteins in Petroleum*

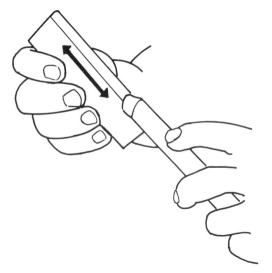

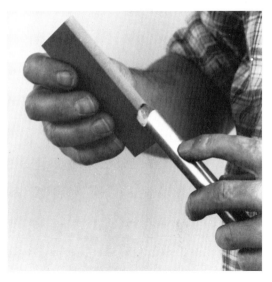

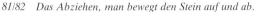

81/82   Das Abziehen, man bewegt den Stein auf und ab.

Scheibe aufspannen. Zum Schärfen der Handdreh-
werkzeuge verwendet man in der Regel die feinere
Scheibe. Der Auflagewinkel wird seitlich wegge-
klappt, damit man die linke Hand anfangs mit den
Fingerrücken auflegen kann. Wenn man geübter
ist, kann man für diesen Arbeitsgang ganz auf den
Auflagewinkel verzichten.

Bevor man zu schleifen beginnt, setzt man immer
eine Schutzbrille auf, um die Augen vor Verletzungen zu schützen.

Wie man auf den Abbildungen sieht, legt man
zunächst mit der linken Hand auf der Auflage das
Werkzeug mit Fingerspitzengefühl an die Scheibe,
während die rechte Hand eine drehend-schwen-
kende Bewegung ausführt. Meißel hingegen dreht
man nicht, sondern schiebt sie seitlich hin
und her, ansonsten ist die Handhaltung die gleiche
wie auch schon beim Schärfen der übrigen Werkzeuge.

Beim Schleifen kann es passieren, daß die Werk-
zeugschneide sich zu sehr erhitzt und blau anläuft.
Um das zu verhindern, muß immer ein Gefäß mit
Wasser beim Schleifbock stehen, damit man das
Werkzeug sofort kühlen kann. Wenn eine Schneide
erst einmal blau angelaufen ist, hat sich die Metall-
struktur so verändert, daß die Schneide schneller
stumpf wird. Es lohnt sich daher, die gebläuten
Teile abzuschleifen, damit das Werkzeug wieder
länger scharf bleibt.

Der Anschliffwinkel, der auch Fase genannt wird,
wird mit Fingerspitzengefühl angeschliffen; dabei
kommt es ganz auf die Geschicklichkeit des einzelnen an.

Das Abziehen der Werkzeuge

Nach dem Schleifen haben die Werkzeugschneiden
einen Grat und sind zudem noch ziemlich rauh.
Daher kann man erst nach dem Abziehen der
Schneide wieder leicht und präzise drehen. Man
benützt dazu zwei Arten von Abziehsteinen. Der
gröbere Stein ist aus Siliziumkarbid und ist in den
Körnungen fein, mittel und grob erhältlich. Für das
Abziehen der Handwerkzeuge ist die Körnung mittel richtig.

Der zweite Abziehstein ist ein Naturstein und wird
nach seinem Herkunftsland Arkansas benannt. Er
ist sehr feinkörnig und hat hervorragende Schleifei-
genschaften. Vor dem Abziehen legt man die Steine
in Petroleum, zum Beispiel in Blechgefäße wie
kleine Kuchenformen mit einem selbstgefertigten
Holzdeckel. Das Petroleumbad erleichtert das Abziehen, weil es die Poren des Steines vom Schleifstaub reinigt. Diese Steine sind in unterschiedlichen
Formen im Handel. Um Röhren gut abziehen zu
können, sind tropfenförmige Steine am besten geeignet.

Da diese Steine sehr hart sind, brechen sie leicht
auseinander, wenn man sie fallen läßt. Man muß
deshalb aufpassen, denn einen zerbrochenen Stein
kann man nicht mehr verwenden.

Wie das Schleifen ist auch das Abziehen reine
Handarbeit, bei der es auf Übung und Geschicklichkeit ankommt. Zunächst entfernt man mit der
runden Kante eines groben Steines den Schleifgrat.
Dabei hält man das Werkzeug still und bewegt den
Stein auf und ab. Der Grat legt sich um und befindet
sich nach einigen Malen außen.

Röhren zieht man mit der flachen Seite des Steines von außen ab. Der Grat wird zwar schwächer, doch man kann ihn von innen noch ertasten.

Mit dem Arkansasstein wiederholt man das Abziehen so lange, bis der Grat entfernt ist. Zwischendurch muß der Stein immer wieder in Petroleum getaucht werden, damit er naß bleibt. Zum Schluß trocknet und reinigt man die Schneide mit einem Lappen, und man kann mit dem Werkzeug wieder drehen.

Wann ein Werkzeug geschliffen werden muß, bemerkt man daran, daß man zum Drehen mehr Kraft benötigt, daß die Oberfläche des Holzes rauh wird und daß man nur einen geringen Span abnehmen kann. Bevor man jedoch auf dem Schleifbock schleift, kann man das Werkzeug mehrmals mit dem Arkansasstein abziehen. Erst wenn es dabei stumpf bleibt, muß man es auf dem Schleifbock schleifen.

83   Abziehen einer Röhre von außen mit der flachen Seite des Steines

Die Meßwerkzeuge

Der Taster

Dieses Werkzeug ist für den Drechsler so wichtig, daß es sogar – neben einer Kugel und zwei gekreuzten Werkzeugen – im Handwerkszeichen des Drechslerhandwerks enthalten ist.

Der Taster mißt den Durchmesser und ist vorwiegend in der Ausführung mit geraden Schenkeln im Handel, deren Kröpfung erst nach dem ersten Drittel der Schenkel beginnt; daneben gibt es noch andere Ausführungen mit bauchig gekröpften Schenkeln. Arretierbare Schenkel haben den Vorteil, daß sie sich beim Messen nicht verstellen.

Je größer der Durchmesser ist, den man messen will, desto größer muß der Taster sein. Als Drechsler braucht man deshalb mehrere Taster in verschiedenen Größen. Wenn ein Drehteil, was oft der Fall ist, mehrere Durchmesser hat, sollte man eine Re-

gel einhalten, die Verwechslungen bei der Arbeit ausschließt: Da man mehrere Taster feststellen muß, mißt man kleine Durchmesser mit kleinen und große Durchmesser mit entsprechend großen Tastern.

Der Zirkel

Die exakte Bezeichnung für dieses Werkzeug lautet Spitzzirkel, und man braucht ihn zum Anreißen und zum Übertragen der Längenmaße bei Profilen besonders beim Langholzdrehen. Wie beim Taster gilt auch hier die Regel: Sind mehrere Maße anzureißen, wählt man einen kleinen Zirkel für kleinere Maße und einen großen Zirkel für größere. Es gibt zwar einfache und billige Zirkel zu kaufen, aber man sollte Zirkel mit einem Feststellbogen zum Arretieren der Schenkel vorziehen. Sehr nützlich ist zudem ein mittelgroßer Zirkel mit einer Öse zum Einspannen eines Bleistiftes, denn es ist einfacher, das gewünschte Maß mit einem Bleistift aufzuzeichnen, als mit der Zirkelspitze in das Holz zu ritzen.

Die Schieblehre

Neben dem Metermaß gehört die Schieblehre zu den wichtigsten Meßwerkzeugen eines Drechslers. Die kleinere Taschenschieblehre und die größere Werkstattschieblehre werden an einer Drehbank ständig benötigt.

Die Taschenschieblehre mißt bis zu 130 mm Dicke

84 *Feststellbare Taster*

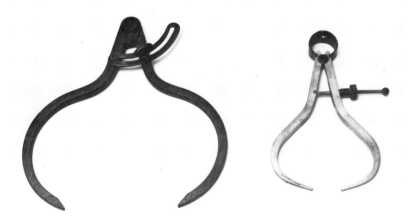

85 *Zirkel*

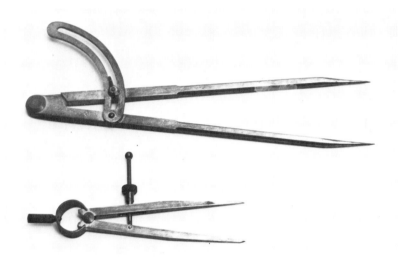

86 *Werkstatt- und*
Taschenschieblehre

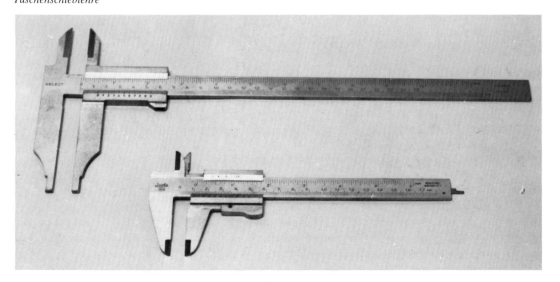

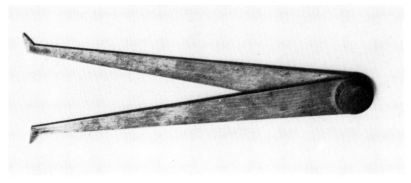

87 Lochtaster

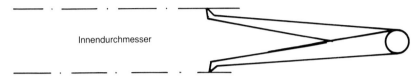

Innendurchmesser

88 Messen einer gedrehten Innenbohrung

oder Länge, doch nur bis zu 85 mm Durchmesser, wenn nicht vor Kopf gemessen wird, da die Schenkel nur 43 mm lang sind. Gegenüber diesen Schenkeln befinden sich zwei kleine Spitzschenkel zur Innenmessung. Am Ende des Werkzeugkörpers sitzt noch eine Fühlerlasche, mit der man messen kann, wie tief zum Beispiel eine Bohrung ist.

Der verschiebbare Meßstabzusatz, nach dem Portugiesen Nunes Nonius benannt, zeigt auf dem Lehrenkörper, in den die metrische Teilung eingraviert ist, Zentimeter und Millimeter an. Eine zweite Skala ist auf dem verschiebbaren Schenkel angebracht und hat zehn Teilstriche. Dort, wo sich beim Messen die Teilstriche decken, kann der Zehntelmillimeter abgelesen werden. Mit einer Werkstattschieblehre kann man Längen und Dicken bis zu 280 mm und Außendurchmesser bis zu 160 mm messen, da die Schenkel eine Länge von 80 mm haben. Zur Innenmessung benutzt man die Enden der großen Schenkel; dabei müssen immer 10 mm vom Meßergebnis abgezogen werden, da die beiden Schenkelenden nicht übereinander greifen.

Der Lochtaster

Äußerlich gleicht der Lochtaster einem Zirkel, nur sind die Schenkelenden leicht nach außen gekröpft. Zwar kann man die meisten Innendurchmesser mit der Taschenschieblehre messen, den inneren Teil einer gedrehten Bohrung hingegen oder eines konisch gedrehten Zapfenlochs kann man nur mit dem Lochtaster prüfen. Damit man eine sich verjüngende Bohrung tasten kann, müssen die Schenkel des Lochtasters zum kleineren Maß hin nachgeben.

Der Schraubenschlüssel

Etwas ungewöhnlich, aber praktisch und bequem lassen sich insbesondere Zapfen mit normalen Schraubenschlüsseln messen. Bei laufender Maschine stülpt man einfach den Schraubenschlüssel über einen Zapfen und fühlt genau, an welcher Stelle noch etwas nachgedreht werden muß. Mit dieser Methode kann man Zapfen bis zu 26 mm sicher messen.

Die »automatische« Drehlehre

Wenn mehrere Räder, Rosetten oder Zapfen auf der Drehbank mit demselben Durchmesser gedreht werden, ist es zu zeitraubend, immer wieder mit

89 Automatische Drehlehre

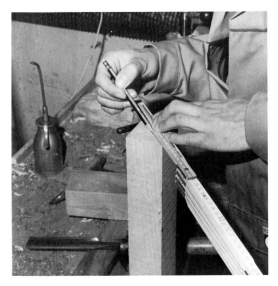

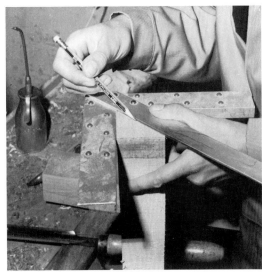

90 Anreißen der Mitte durch Aufzeichnen eines Diago-
nalkreuzes

91 Anreißen der Mitte mit Hilfe eines Zentrierwinkels

einem Taster oder einer Schieblehre nachzumes-
sen. Einfacher geht es mit einem Flacheisen. Man
befestigt einen Ständer mit einer Schraubzwinge
auf dem hinteren Teil des Handauflagehalters. In
Höhe der Spindelmitte wird in den Ständer ein
Loch gebohrt, in welches das kleine Stück Flacheisen, mit einem Zapfen gelagert, gesteckt wird.
Wenn man glaubt, daß man beim Abdrehen eines
Zapfens den richtigen Durchmesser erreicht hat,
schwenkt man das Flacheisen von hinten auf das
Holz bei laufender Spindel. Sobald der richtige
Durchmesser erreicht ist, fällt das Flacheisen durch
sein Eigengewicht wie eine Klappe herunter.

Der Zentrierwinkel

Wenig bekannt ist der Zentrierwinkel, mit dem
man die Mitte bei Kanteln und Scheiben findet.
Beide Schenkel des Winkels sind gleich lang und
stehen im rechten Winkel zueinander. In einem
Winkel von 45° zu beiden Schenkeln befindet sich
ein Lineal, das etwas länger ist als die Schenkel,
welche den Anschlag bilden.
Für gewöhnlich muß man, um die Mitte einer Kantel anzureißen, zwei Diagonalen mit dem Metermaß einzeichnen, man muß dazu sorgfältig anlegen
und kontrollieren, bis man die Mitte im Schnitt-
punkt der Diagonalen findet.
Schneller und sicherer geht es mit dem Zentrierwinkel, den man nur zweimal anlegen muß, um die
Mitte zu finden. Ebenso leicht sind auch Scheiben
zu zentrieren: man legt mindestens dreimal den
Winkel an und zeichnet die Mitte ein.

Leider kann man diese praktische Zentrierhilfe bisher nicht kaufen, doch es lohnt sich, den Zentrierwinkel zum Beispiel aus Aluprofilen (wie auf der
Abbildung 91) selbst herzustellen oder ihn beim
Schlosser zu bestellen.
Bei größeren Stückzahlen kann man Kanteln auch
in einen Körner stoßen. Diese einfache, auf jede
Kantelgröße einstellbare Vorrichtung kann man an
einer Seite der Drehbank mit einer Schraubzwinge
befestigen.

92 Anreißen der Mitte mit Hilfe einer Vorrichtung mit
Körner

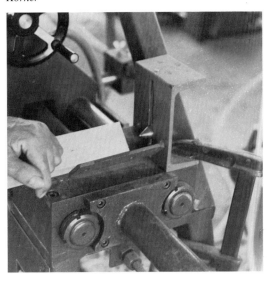

93   Verstellbares Lünett im Einsatz

94   Lünett weggeschwenkt

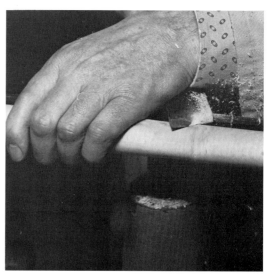

95/96   Schlichten dünner Werkstücke

Das Lünett zur Handbank

Lange und dünne Drehteile biegen sich nach hinten weg, wenn man sie mit dem Stahl bearbeiten will, so daß es fast unmöglich ist zu schlichten, Einstiche zu machen oder gar ein Profil zu drehen. Bei kleineren Arbeiten greift man einfach über die Handauflage hinweg und läßt das Holz in der Handfläche laufen, um einem Werkstück unterstützenden Halt zu geben. Bei längeren Arbeiten oder größeren Stückzahlen bedarf es dagegen einer zusätzlichen Halterung, eines Lünetts.

Ein Lünett kann ein einfacher Haken sein oder eine Vorrichtung in Form eines großen zu öffnenden Ringes mit drei gummibelegten Rollen als Haltepunkte. Das hier abgebildete Lünett hat sich bewährt, weil es einfach zu handhaben und allseitig verstellbar ist. Es ist nach vorne hin offen, damit die Handauflage ihren Platz vor dem Werkstück behalten kann. Es kann mit einem Handgriff angesetzt oder weggeschwenkt werden. Die Rollen – es können zwei oder drei sein – können versetzt werden, um das Lünett den Durchmessern der Werkstücke anpassen zu können. Hersteller guter Drehbänke liefern Lünette passend zum Drehbankbett.

Die Technik des Handdrehens

Das Langholzdrehen

Bevor die einzelnen Arbeitsschritte des Langholz-drehens erklärt werden, sollen erst einmal die Grundformen vorgestellt werden, auf die sich auch die reichhaltigsten Profile zurückführen lassen:

1. die glatte zylindrische Form; kurze zylindrische Abstände zwischen erhabenen und vertieften Formen nennt man Platten. Die gleiche Form, nur zur Drehachse hin schräg liegend, ist ein Konus (Kegel)
2. der Spitzstab und seine Umkehrung, die Kerbe
3. der Stab und seine Umkehrung, die Kehle
4. ein Karnies ist die Kombination aus Kehle und Stab.

Durch geschicktes Zusammenfügen dieser vier Grundformen – nämlich gerade, schräg, hohl und rund – ergeben sich alle weiteren Profile. Es bleibt dem Geschick, Geschmack und der Phantasie des einzelnen überlassen, wie diese Formen variiert werden. Man kann zum Beispiel die Stäbe strecken, die Kehlen einseitig auslaufen lassen, sie spitzer oder stumpfer drehen; oder man wiederholt die Kehlen in verschiedenen Durchmessern, setzt sie spiegelbildlich zusammen oder wechselt ab: die Vielfalt der individuellen Gestaltungsmöglichkei-ten ist nahezu unbegrenzt, und gerade dies macht den besonderen Reiz des Drechselns aus.

Das Langholzdrehen – das Drehen zwischen den Spitzen – steht am Anfang jeder Drechslerlehre und soll auch hier zuerst erklärt werden. Man nimmt eine Kantel aus einem billigen Holz, zum Beispiel aus Buche, mit einer Stärke von 50 mal 50 mm und zirka 40 cm Länge. Diese Kantel – der Motor darf noch nicht laufen! – spannt man zwischen Mitneh-

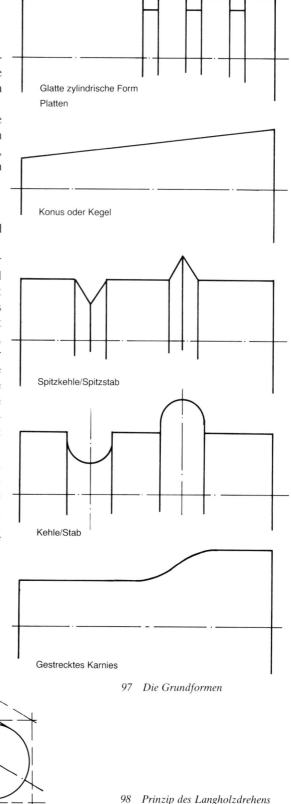

Glatte zylindrische Form
Platten

Konus oder Kegel

Spitzkehle/Spitzstab

Kehle/Stab

Gestrecktes Karnies

97　Die Grundformen

Drehrichtung des Werkstücks

Arbeitsrichtungen der Werkzeuge

98　Prinzip des Langholzdrehens

69

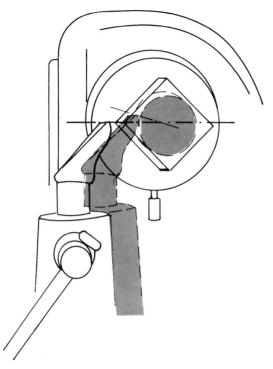

99 *Richtige Stellung der Handauflage*

mer und Körnerspitze in die Drehbank, setzt die Handauflage dicht davor, doch eben so weit davon entfernt, daß die Kanten des Holzes nicht anstoßen und frei hinter der Handauflage laufen können. Nachdem man sich überzeugt hat, daß die Kantel sicher eingespannt und Handauflage und Reitstock arretiert sind, läßt man den Motor mit einer Drehzahl von 1500 U/min (n = 1500) anlaufen. Grundsätzlich müssen alle Werkzeuge, ob Meißel oder Röhre, stets tangential auf dem Werkstück ansetzen. Im Gegensatz zum Drehen in der Metallbearbeitung werden Späne beim Drehen von Holz abgeschält und nicht abgekratzt oder abgeschabt. Zunächst bricht man mit der Schrubbröhre die Kanten des Holzes über die ganze Länge der Kantel. Wie jedes andere Drehwerkzeug wird die Schrubbröhre mit der rechten Hand am Heft umfaßt, während die linke Hand den Stahl über die Handauflage führt. Dabei kann man die linke Hand beim Ausschrubben leicht zum Drehteil hin öffnen, um Späne abzufangen. Linkshänder können selbstverständlich mit der linken Hand das Werkzeug halten und mit der rechten Hand führen. Gleichmäßig führt man die Schrubbröhre von einem Ende der Kantel zum anderen und wieder zurück und dreht zunächst nur wenig Span ab. Man wiederholt das so

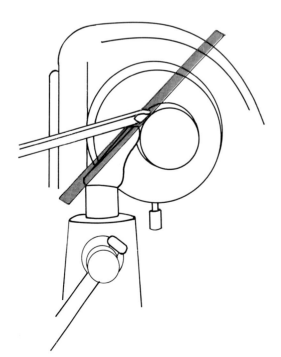

100 *Tangentialer Werkzeugeinsatz beim Handdrehen am Beispiel einer Röhre*

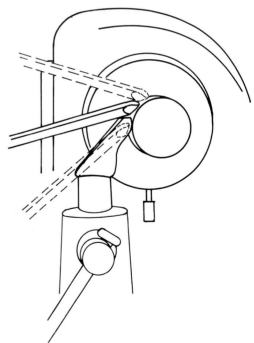

101 *Richtiger und falscher Werkzeugansatz. Die mittlere Röhre zeigt den richtigen tangentialen Schnittwinkel.*

Ich wurde auf das Buch aufmerksam durch:

☐ Empfehlung meines Buchhändlers
☐ die Schaufensterauslage einer Buch-
   handlung
☐ eine Besprechung in Presse – Funk –
   Fernsehen
☐ Hinweis eines Bekannten
☐ einen Prospekt
☐ eine Anzeige in _____
☐ Ich bekam das Buch als Geschenk

Mein Urteil über das Buch: _____

KULTURGESCHICHTE
ARCHITEKTUR
GARTENARCHITEKTUR
STEINMETZ + BILDHAUER
MALERHANDWERK

Antwort

VERLAG
GEORG D. W. CALLWEY
Postfach 800409

D-8000 München 80

Kunst- und Kultur- geschichte	Geschichte	Volkskunst	Architektur	Garten- architektur und Land- schafts- planung	Steinmetz- handwerk	Do-it- yourself	Antiqui- täten / Uhren	Maler- handwerk	Restau- rierung	Grafik/ Design

☐ Baumeister. *Zeitschrift für Architektur, Planung, Umwelt*

☐ Die Mappe. *Deutsche Maler- und Lackiererzeitschrift*

☐ Garten und Landschaft. *Zeitschrift der Deutschen Gesellschaft für Gartenkunst und Landschaftspflege mit den Informationen des Bundes Deutscher Landschaftsarchitekten e.V.*

☐ Steinmetz und Bildhauer *Handwerk · Technik · Industrie*

☐ Maltechnik Restauro. *Internationale Zeitschrift für Farb- und Maltechniken, Restaurierung und Museumsfragen. Mitteilungen der I.A.D.A.*

☐ Alte Uhren. *Zeitmeßgeräte, wissenschaftliche Instrumente und Automaten*

Allg. Hinweis						
KD-Klass.- Ziffer						

Vorname

Name

Beruf

Straße — Ort

PLZ

Diese Karte entnahm ich dem Buch:

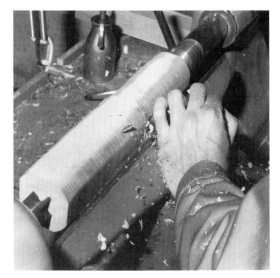

102 *Ausschrubben einer Kantel*

103 *Nachdrehen der ausgeschrubbten Kantel*

lange, bis die Kanten gebrochen sind und das Holz weitestgehend rund geworden ist. Da der Abstand zwischen dem Werkstück und der Handauflage dadurch größer geworden ist, wird die Handauflage wieder dichter herangeführt und festgestellt.

Danach dreht man noch einmal gleichmäßig über die inzwischen zylindrische Form, bis alle Flecken der Kantel beseitigt sind.

Um auf dem walzenförmigen Werkstück die Drehspuren der Schrubbröhre zu entfernen, muß es nun geschlichtet werden, damit es glatt wird. Dazu nimmt man den breiten Meißel, lehnt ihn mit der abgeschrägten Kante seines Schliffes – der Fachaus-

druck dafür heißt Fase – leicht schräg an das rotierende Holz, ohne daß zunächst ein Span abgenommen wird. Man schiebt den Meißel behutsam etwas tiefer, so daß die Schneide im unteren Drittel zu greifen beginnt.

Der Span muß sich schräg abschälen; der Meißel wird dann zügig über die ganze Breite des Werkstückes weitergeschoben. Dabei macht es bei einer zylindrischen Form keinen Unterschied, ob man von rechts nach links oder von links nach rechts arbeitet. Man sollte aber auf jeden Fall nur mit dem unteren Drittel der Schneide arbeiten, damit die Spitze des Meißels nicht in das Holz rutscht.

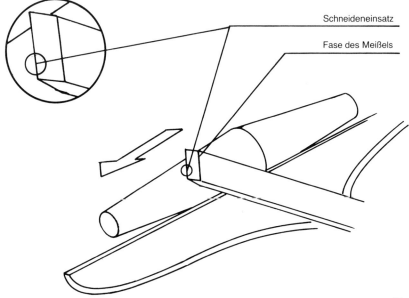

Schneideneinsatz

Fase des Meißels

104 *Das Schlichten
mit dem Meißel*

71

105 Einstechen mit dem Meißel   106 Einstechen mit dem Meißel

107 Mehrmaliges Einstechen mit dem Meißel

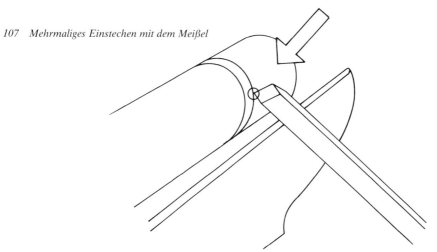

108 Arbeitsfolge und Werkzeugeinsatz beim Drehen einer Kerbe

Meißel

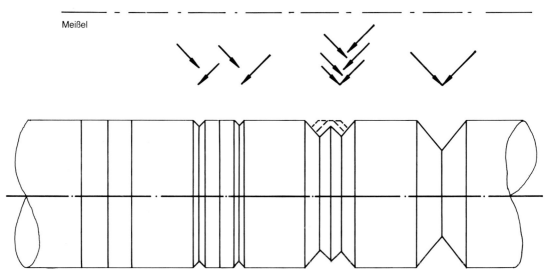

Die Kerbe

Wie man eine Kerbe dreht, soll nun die erste Übung für ein Profil sein; die eine Seite der Kerbe soll rechtwinklig und die andere Seite schräg werden. Man sticht einen Meißel von 15 mm Breite mit seiner spitzen Seite an der Stelle in das rotierende Werkstück, an der die Kerbe rechtwinklig werden soll. Der erste Stich darf nur 3 bis 4 mm tief sein, damit sich der Meißel nicht zu sehr erhitzt und Brandstellen hinterläßt.

Dann sticht man auf der anderen Seite, wo die Kerbe schräg werden soll, schräg in das Holz ein, damit man mit dem Meißel wieder ungehindert schneiden kann. Man wiederholt dies drei bis vier Mal, damit die Kerbe an der schrägen Seite breiter und an der geraden Seite tiefer wird. Man arbeitet ausschließlich mit der Meißelspitze, denn sobald die Schneide des Meißels seitlich das Holz berührt, kann man das Werkzeug nicht mehr festhalten und schneidet schräg über das ganze Werkstück, das dadurch ruiniert wird.

Die ungleichschenklige Kerbe kann nun weiterbearbeitet werden, indem man das Holz auf der schrägen Seite mit der mittleren Röhre wegdreht, und man erhält einen Zapfen.

Der Spitzstab

Die nächste Übung ist der Spitzstab, der gleichschenklig werden soll.

Man sticht wieder mit der spitzen Seite des kleinen Meißels ein, bis er etwas Spiel hat, und wiederholt

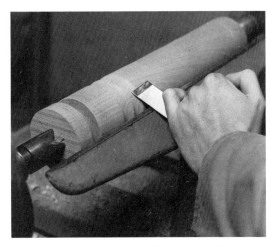

110   Freistechen, damit die Kerbe größer wird

111   Gedrehter Spitzstab

109   Arbeitsfolge und Werkzeugeinsatz beim Drehen eines Spitzstabes

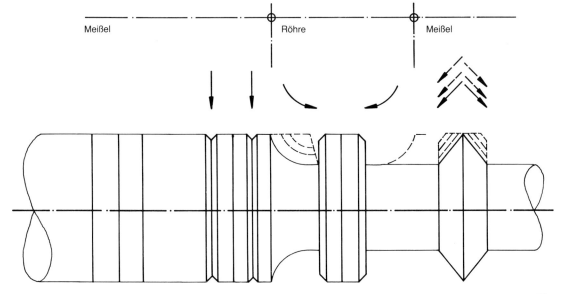

Meißel   Röhre   Meißel

73

112 Schlichten eines Konus

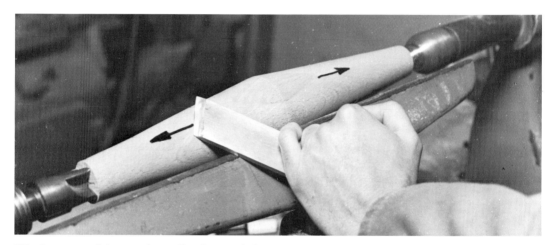

113 Immer vom dicken zum dünnen Durchmesser drehen

dies etwa 2 cm daneben, je nachdem, wie breit der Spitzstab werden soll.

Nun kommt es auf das Augenmaß an, damit man zwischen beiden Kerben gerade so viel Holz stehen läßt, wie man für den Spitzstab benötigt. Mit der mittleren Röhre wird zu beiden Seiten das Material weggedreht, so daß der Spitzstab anschließend mit der Spitze des Meißels angedreht werden kann.

Der Konus

Die vorige Übung sollte mehrmals wiederholt werden, um ein Gefühl für das Holz und die Werkzeuge zu bekommen, bevor man sich an einem Konus versucht. Dazu wird wieder eine Kantel von gleicher Größe eingespannt und ausgeschrubbt. Die Mitte markiert man mit einem umlaufenden Bleistiftstrich auf dem rotierenden Werkstück, denn dort soll das Holz den größten Durchmesser haben,

um sich nach links und rechts zu verjüngen. Mit der Schrubbröhre wird das Werkstück zu beiden Enden hin dünner gedreht, doch stets »bergab«, also von der Mitte ausgehend zu den dünneren Enden. Ist die grobe Form mit der Schrubbröhre gedreht, wird mit dem großen Meißel geschlichtet. Auch hier wird grundsätzlich »bergab« gearbeitet, da das Holz dem Faserverlauf folgend geschnitten beziehungsweise geschält werden muß. Außerdem muß der Meißel so gehalten werden, daß die stumpfwinklige Kante der Schneide nach der Seite hin zeigt, in deren Richtung jeweils gedreht werden soll. Der Meißel wird noch etwas schräger gehalten, als die Schneide selbst ist. Dreht man nach rechts, hält man den Werkzeuggriff nach links, dreht man nach links, hält man den Griff nach rechts. Ansonsten verfährt man beim Schlichten ebenso wie bei den zylindrischen Formen.

74

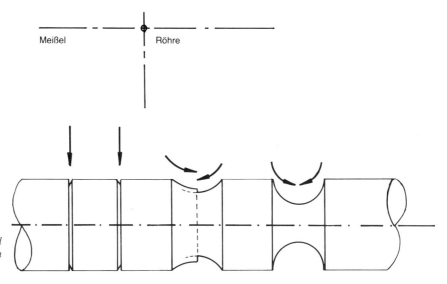

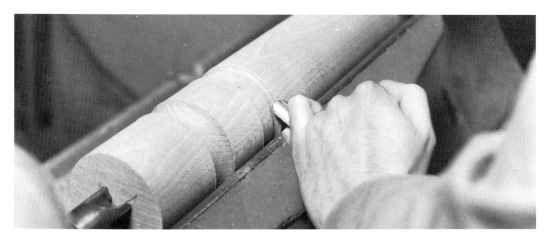

114   Arbeitsfolge und Werkzeugeinsatz beim Drehen einer Kehle

115   Anlegen des Röhrenrückens an die Hilfskerbe

Die Kehle

Je nachdem, wie breit die Kehle werden soll, wählt man die kleine oder mittlere Röhre. Mit einem Zirkel reißt man zunächst auf dem sich drehenden, rund geschrubbten Werkstück die Breite der Kehle an, in diesem Beispiel soll sie 3 cm breit sein. Man dreht dann mit dem kleinen Meißel zwei Kerben von höchstens 3 mm und dreht das Holz mit der Röhre zur Mitte der Kehle hin weg. Dann entfernt man einen Teil des Holzes zwischen den beiden Hilfskerben. Jetzt dreht man die Röhre etwas um ihre Achse, legt den Rücken des Röhrenschliffs an den Rand einer der beiden Hilfskerben und nimmt unter achsialer Drehung der Röhre nur bis zur Mitte der Kehle weiteres Material ab.

Auf der anderen Seite wird es ebenso gemacht, bis die Kehle schön rund und hohl geworden ist. Solange man im Drehen noch nicht geübt ist, sollte man immer mit den Hilfskerben anfangen, denn man kann daran den Rücken der Röhre anlegen. Erst wenn man einige Hundert Kehlen gedreht hat, braucht man keine Hilfskerben mehr.

Der Stab

Wie bei der Kehle reißt man die Breite eines Stabes mit einem Zirkel an. Man sticht wiederum zwei Kerben ein, und zwar halb so tief, wie der Stab breit werden soll, und nimmt mit der mittleren Röhre beidseitig das Material weg. Aus der annähernd rechteckigen Form dreht man nun mit der kleinen Röhre die endgültige Form des Stabes vor.

Mit der stumpfwinkligen Seite des kleinen Meißels dreht man vorsichtig die Form genau aus, bis der Stab sauber und glatt wird. Man legt den Meißel dazu fast flach auf die Mitte des Stabes und führt ihn

116 Vordrehen eines Stabes

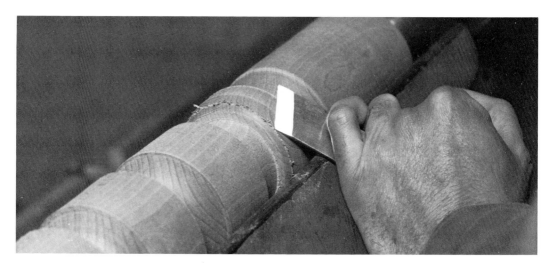

117 Formdrehen mit dem Meißel

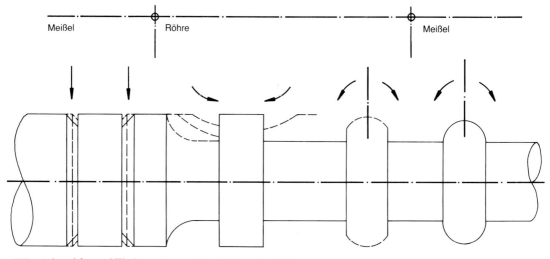

118 Arbeitsfolge und Werkzeugeinsatz beim Drehen eines Stabes

76

119 Kehle und Stab

120 Übung ist notwendig

um die eine Seite des Stabes herum, bis die Schneide fast senkrecht nach oben zeigt.

Auf der anderen Hälfte des Stabes wiederholt man dies und hält das Heft des Meißels der Rundung des Stabes entgegen. Dabei ist, wie schon beim Drehen eines Konus erwähnt wurde, zu beachten, daß man das Heft nach links hält, wenn man die rechte Seite bearbeitet und umgekehrt.

Man darf nur mit der stumpfseitigen Spitze drehen und nicht mit der Schneide!

Wer bereits etliche Stäbe gedreht hat, braucht nicht mehr mit der kleinen Röhre vorzuarbeiten, sondern dreht gleich mit dem Meißel, der zum Drehen von Langholz am häufigsten verwendet wird.

Nach weiteren Versuchen mit dem Meißel kann man die Profile variieren, so daß die Kehlen oder Stäbe enger oder weiter beieinander stehen. Schließlich übt man den Karnies, den im Querschnitt S-förmigen Übergang von Stäben auf Kehlen, bis man auch diese Form, von rechts nach links verlaufend und umgekehrt, einmal eng gedrungen, einmal weit auseinandergehend, sicher beherrscht.

Das Langholzdrehen in Einzelbildern

Am Beispiel von gedrungenen Möbelfüßen, wie sie in vergangenen Jahrhunderten oft für Schränke und Kommoden verwendet wurden, soll das Langholzdrehen noch einmal in Bildern veranschaulicht werden. Solche Möbelfüße werden vorwiegend aus Erle gefertigt und paarweise gedreht, so daß die Zapfen aneinanderhängen.

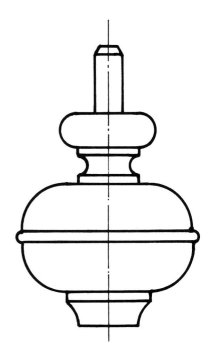

121   Gedrehter Möbelfuß

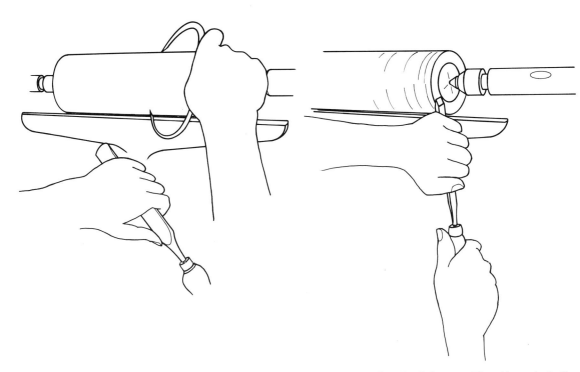

124   Mit dem Taster wird der Durchmesser geprüft.

125   Das Werkstück erhält einen »Planschlag«, das heißt es wird mit dem spitzen Winkel des kleinen Meißels an den Stirnseiten geradegestochen.

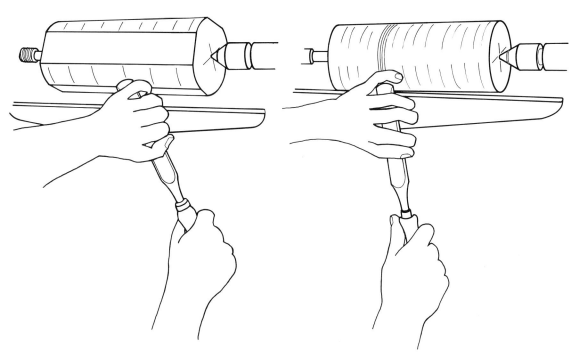

122 Die Kantel wird mit der breiten Röhre, der Schrubb-röhre, ausgeschrubbt.

123 Die Handauflage wird dichter herangeführt. Um Späne abzufangen, ist die linke Hand etwas geöffnet; die Röhre wird mit dem Zeigefinger umfaßt.

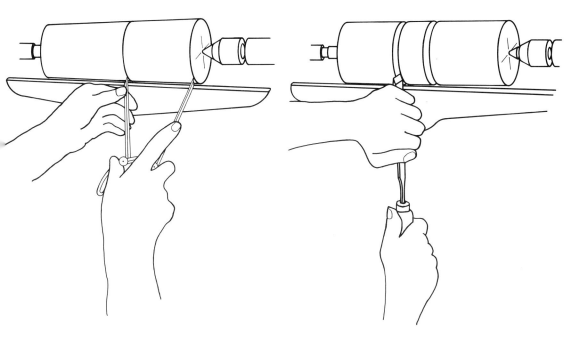

126 Die Länge des Fußes ohne die Zapfen wird mit dem großen Zirkel bei laufender Maschine angerissen.

127 An den zuvor angerissenen Stellen sticht man mit dem kleinen Meißel so ein, daß die Länge eines Fußes gerade heruntergestochen werden kann. Zum Zapfen zwischen den beiden Füßen hin verschafft man dem Meißel etwas Spiel, das heißt, man dreht Holz weg.

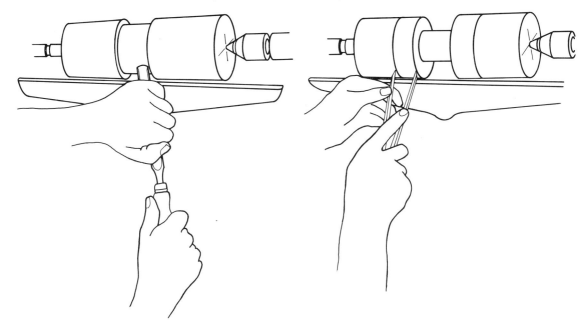

128 Mit der mittleren Röhre dreht man einen Teil des Materials zum Zapfen hin weg, doch nicht zu viel, da sonst Vibrationen im ganzen Werkstück auftreten.

129 Mit dem mittleren Zirkel wird der Profilteil über der Kugel des Fußes angerissen. Damit werden die Kugel und der Fuß im Maß festgelegt. Jeder weitere Arbeitsgang wird rechts und links ausgeführt.

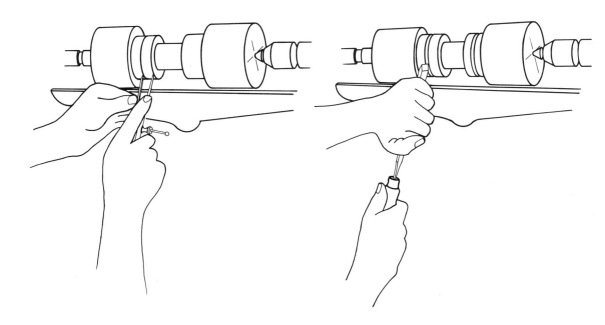

132 Mit dem kleinen Zirkel reißt man abermals eine Unterteilung an.

133 Beidseitig wird wieder eingestochen.

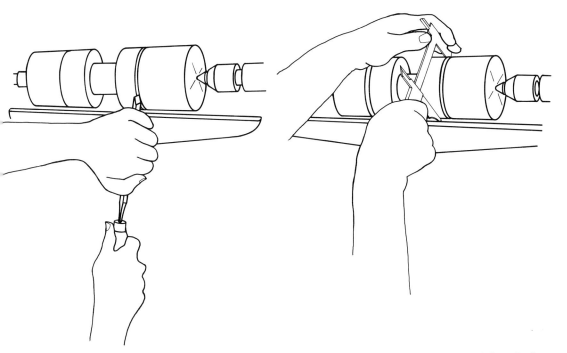

130 An dem neuen Riß wird behutsam eingestochen, da man bereits auf die Tiefe des gewünschten Profils achten muß.

131 Man mißt mit der Werkstattlehre jene Teile nach, die mit der mittleren Röhre dünner gedreht wurden.

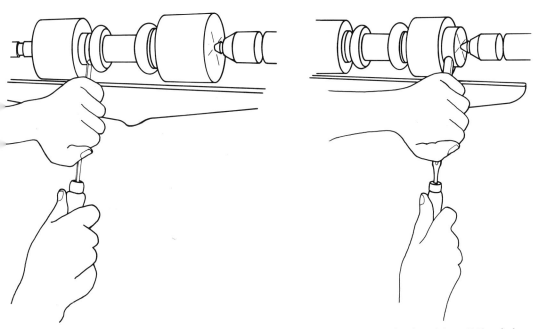

134 Die Hohlkehle dreht man mit der kleinen Röhre, indem man die Röhre mit ihrer Fase anlehnt und unter achsialer Drehung des Werkzeuges bis zur Kehlenmitte herunterdreht. Ebenso bearbeitet man die andere Hälfte der Kehle.

135 Mit der kleinen oder der mittleren Röhre dreht man den Absatz (Platte) für die Viertelkehle am Ende des Fußes.

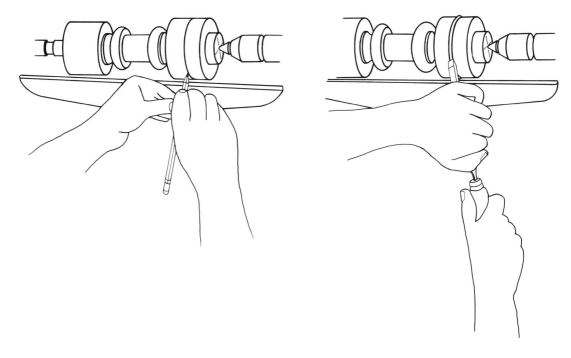

136 Die dickste Stelle in der Mitte für den Gürtelstab (Gürtellinie) wird nach Augenmaß markiert.

137 Der Gürtelstab wird mit einem kleinen Meißel ausgearbeitet.

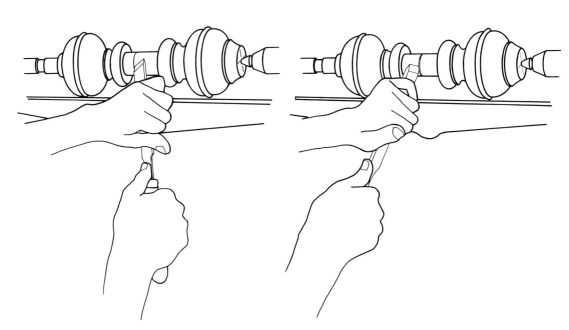

140 Die Zapfen werden mit einem kleinen Meißel auf die gewünschte Stärke gebracht. Ihren Durchmesser kann man statt mit einer Schieblehre mit einem Schraubenschlüssel bei laufender Maschine messen.

141 Man sticht die Zapfen ein und versieht jede Seite mit einer kleinen Fase, damit die Zapfen besser in die Bohrungen passen.

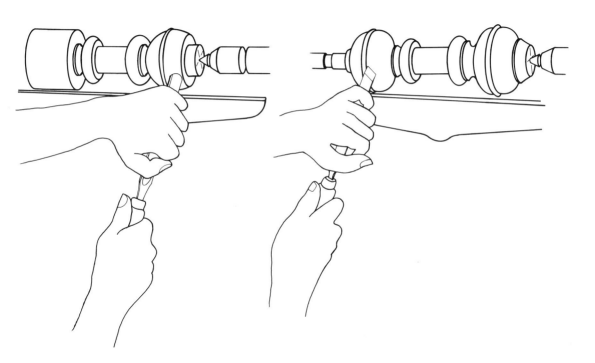

138 Mit der mittleren Röhre wird die Rundung des Haupt-
körpers des Fußes vorgedreht.

139 Mit der stumpfwinkligen Seite des kleinen Meißels
wird er glattgedreht.

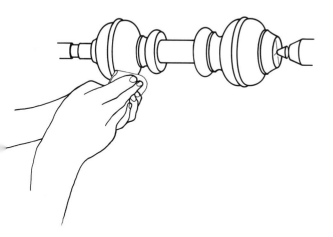

142 Zum Schluß wird das Werkstück geschliffen.

Das Querholzdrehen

Die zweite Technik des Handdrehens, das Querholzdrehen, wird anhand eines Tellers vom Zuschnitt des Holzes bis zur Oberflächenbehandlung erklärt.

Man wählt einen Bohlenabschnitt aus weichem Laubholz wie Pappel, Linde oder Erle aus, der 40 bis 45 mm stark ist. Auf der dem Kern zugewandten »rechten« Seite reißt man mit dem Zirkel einen Kreis über die ganze Bohlenbreite an. Wenn dabei auf der dem Splint zugewandten »linken« Seite die Baumkanten innerhalb dieses Kreises liegen, ist das von Vorteil. Da dies die Rückseite des Tellers wird, werden die Baumkanten ohnehin weggedreht, und das Material wird somit besser ausgenützt. Die Scheibe mit einem Durchmesser von 25 bis 30 cm wird auf der Bandsäge ausgeschnitten und muß, da sie durch die Trocknung gekrümmt ist, noch abgerichtet werden, damit sie plan auf dem Futter aufliegt. Wenn der Zentrierpunkt des Zirkels dabei weggehobelt wurde, sucht man mit Hilfe des Zentrierwinkels erneut die Mitte und zeichnet sie ein.

Da der Teller nicht auf einem Vakuumfutter, sondern auf einem herkömmlichen Schraubenfutter für die Rückseite – und auf einem Dreibackenfutter für die Innenseite – gedreht werden soll, wird zunächst ein für das Schraubenfutter passendes Loch in die Mitte der Rückseite gebohrt.

Damit ist der Rohling für das Drehen vorbereitet, er wird mit der Rückseite nach vorn auf das Schraubenfutter gespannt, und die Handauflage wird davorgesetzt.

Man darf allerdings nie den Motor anlaufen lassen, um das Werkstück auf die Schraube des Schraubenfutters festzudrehen, weil das zu Unfällen führen kann. Man hält das Werkstück mit der rechten Hand an die Schraube und dreht mit der linken Hand die Spindel mittels des Handrades, bis das Werkstück auf allen Seiten plan am Futter anliegt. Wegen des großen Durchmessers der Scheibe wählt man eine Drehzahl von höchstens 1100 U/min.

Man fährt dann mit der Schrubbröhre von außen nach innen über das Werkstück und wieder zurück, bis alle Flecken beseitigt sind, die noch von der Gattersäge herrühren. Danach greift man zur Formröhre und beginnt im äußeren Drittel der Scheibe, die Rundung bis fast zum Rand hin zu drehen. Falls die Röhre abrutscht, kann man sich zuvor eine kleine Kante andrehen, an die man den Rücken der Röhre anlegen kann. Die Rundung des Tellers dreht man so lange nach außen hin nach, bis die ganze Oberfläche verspant ist und allmählich Gestalt annimmt; dadurch verschwinden auch die Flecken der Baumkanten. Währenddessen muß die Handauflage mehrmals nachgestellt werden, damit sie möglichst dicht am Werkstück sitzt. Beim Drehen sollte man nicht auf das Werkzeug schauen, sondern auf das Profil. Vorsichtshalber sollte man nicht ganz an den äußeren Rand hin drehen, sondern etwa 2 mm unbearbeitet stehenlassen. Dreht man nämlich über den Rand hinweg, splittert dort das Holz. Den schmalen Rand hingegen kann man von hinten mit der seitlichen Schneide der Röhre wegdrehen.

Die Drehspuren der Röhre werden auf dem flachen Boden des Tellers mit dem Flachschaber geschlichtet. Man hebt das Heft des Flachschabers so weit an, daß sein Grat, die eigentliche Schneide, greifen kann (vgl. Abb. 151), und fährt zweimal von der Mitte nach außen und zurück. Man stellt den Motor ab und legt die Kante des Flachschabers als Lineal an den Boden des Tellers und überprüft, ob er plan ist. Am besten ist es, wenn der Boden etwas nach innen gewölbt ist; ist er nach außen gewölbt, würde der fertige Teller auf dem Tisch wackeln.

Nun bereitet man das Werkstück für das Drehen auf der anderen Seite vor: Man wählt den günstigsten Spannbereich des Dreibackenfutters und überträgt diesen Durchmesser mit einem Zirkel oder einem Taster bei laufendem Motor auf die Rückseite. Man dreht einen Fuß, der als Spannrand dienen soll, indem man mit der Spitze eines flach liegenden kleinen Meißels den Zirkelriß um etwa 4 bis 5 mm vertieft. Das verbleibende Material zwischen Tellerfuß und Tellerrundung wird mit der Formröhre weggedreht, und die Tellerunterseite erhält ihre endgültige Form.

Unsauber sind nun noch zwei Stellen: die Kante des Tellerfußes, die mit dem flach liegenden Meißel eher geschabt als gedreht wurde, und jene Stellen der Rundung, an denen das Werkzeug zwangsläufig gegen die Faserrichtung des Holzes drehte.

Von der Seite her dreht man mit der Spitze der kleinen Röhre die Kante des Tellerfußes nach und nimmt dann über die ganze Rundung des Tellers bis zum Rand hin einen feinen Span ab. Die Rückseite wird dadurch glatt und braucht nur noch geschliffen zu werden.

Um die Innenseite des Tellers zu bearbeiten, wird das Schraubenfutter gegen ein Dreibackenfutter ausgewechselt. Am Fuß wird der Teller vorsichtig eingespannt, damit das Weichholz nicht einge-

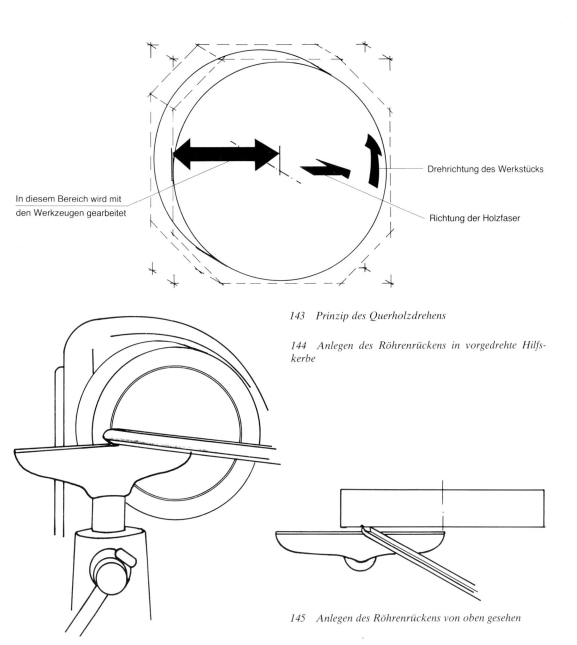

In diesem Bereich wird mit
den Werkzeugen gearbeitet

Drehrichtung des Werkstücks

Richtung der Holzfaser

143   Prinzip des Querholzdrehens

144   Anlegen des Röhrenrückens in vorgedrehte Hilfskerbe

145   Anlegen des Röhrenrückens von oben gesehen

drückt wird. Nachdem der feste Halt des Tellers geprüft wurde, setzt man die Handauflage vor das Werkstück und läßt die Maschine wieder mit einer Drehzahl von höchstens 1200 U/min anlaufen. Mit der großen Röhre nimmt man vom Rand zur Mitte des Tellers hin einen Span ab und wiederholt dies drei- bis viermal, wobei man zur Mitte hin tiefer dreht. Anschließend dreht man mit der Kante der Röhre noch einen kleinen Rand, der für die weiteren Arbeiten mit der Formröhre den nötigen Halt gibt. Dieser Rand kommt an die Stelle, ab der der Teller tief ausgedreht wird. Man legt den Rücken der Formröhre an den Rand an und dreht zügig die

nach innen gewölbte Innenseite aus. Da man für die Wölbung des Tellers reichlich Material wegdrehen muß, dreht man mehrmals zur Tellermitte hin und nimmt einen groben Span ab. Bei einem Durchmesser des Tellers von 25 bis 30 cm reicht der Bogen am Tellerrand etwa 5 bis 6 cm in den Tellerboden hinein. Da man die Formröhre schräg hält, kann man nur diesen Bogen bearbeiten. Die Tellermitte dreht man mit der Schneide der Formröhre aus, bis der Bogen und der Tellerboden nahtlos ineinanderübergehen.

Man stellt nun den Motor ab und prüft mit Daumen und Zeigefinger zwischen den Futterbacken, wie dick der Boden ist und ob die Rundung zum Rand hin gleichmäßig verläuft. Wenn nichts mehr nachgedreht werden muß, schlichtet man den planen Teil des Tellerbodens mit dem Flachschaber. Um die Rundungen bei Querholz zu drehen, sollte man niemals Profilstähle auf dem System des Flachschabers verwenden, da man damit die in Gegenrichtung verlaufenden Fasern des Querholzes millimetertief aufreißt. Die scheinbare Erleichterung beim Drehen lohnt sich nicht, weil anschließend um so länger geschliffen werden muß.

Ist der Boden des Tellers geschlichtet, nimmt man mit der mittleren Röhre einen ganz feinen Schlichtspan am gewölbten Rand ab; diesen letzten feinen Span sollte man nur ganz langsam abnehmen, denn je sauberer dieser Schnitt ausfällt, desto weniger ist später zu schleifen.

Abschließend muß auch die Innenseite noch geschliffen werden; mit dem Schleifpapier werden auch die scharfen Kanten des Randes gebrochen.

Was hier anhand eines Tellers erklärt wurde, gilt auch für andere Querholzdrehteile, ob es sich nun um Ringe, Bilderrahmen, Rosetten, tiefe Schalen oder um Scheiben handelt; die Arbeitsweise ist immer die gleiche. Grundsätzlich muß man sich bei allen Profilen in Querholz überlegen, wie man, wenn nicht parallel zum natürlichen Faserverlauf des Holzes, so doch seitlich zum Faserverlauf hin schneidet. Auf diese Weise wurde bei dem Teller die Rundung auf der Rückseite bearbeitet. Wenn man zum Beispiel einen Teller dreht, dessen Rand rechtwinklig zum Tellerboden sein soll, muß die Röhre entsprechend seitlich über das wechselnde Hirn- und Langholz geführt werden.

Das Schleifen auf der Drehbank

Das Schleifen der Drehteile ist ein Arbeitsgang, der recht unangenehm ist: Er nimmt viel Zeit in Anspruch und ist wegen der Staubentwicklung lästig. Doch gerade beim Schleifen kommt es auf sauberes Arbeiten an, damit ein Drehteil nach dem Lackieren keine sichtbaren Schleifspuren aufweist.

Schleifpapier wird in verschiedenen Körnungen hergestellt. Unter Körnung versteht man die Größe der Körner, mit denen das Schleifpapier beziehungsweise der Köper – das ist eine Gewebeart – bestreut ist. Die Zahl, mit der das Schleifpapier gekennzeichnet wird, gibt die Anzahl der Löcher in einem Drahtgewebesieb auf einer Fläche von einem Quadratzoll (das entspricht 2,54 cm^2) an, durch ein Schleifmittel gestreut wird. Ein 120er Schleifpapier wird demnach mit einem Schleifmittel be-

streut, das durch ein Sieb mit 120 Löchern pro Quadratzoll hindurchgeht. Je höher also die Meßzahl der Körnung, desto feiner ist das Schleifpapier. Für einen Teller benötigt man zwei Körnungen: Man schleift mit einem Schleifpapier mit 100er Körnung vor und schleift mit einem 120er oder 150er Schleifpapier nach. Wenn das Drehteil unsauber gedreht wurde, muß man mit dem gröberen 80er Schleifpapier beginnen. Vor allem bei Weichholz muß man jedoch vorsichtig zu Werke gehen, da sich Kratzer durch ein grobes Schleifmittel nur unter Mühen wieder abschleifen lassen. Soll ein Teller bemalt werden, genügt eine 120er Körnung zum Nachschleifen. Feineres Schleifpapier benötigt man für Drehteile aus Buntholz wie Kirschbaum, Nußbaum oder Birnbaum: Mit einem 180er oder 220er Schleifpapier beseitigt man die Spuren der gröberen Schleifmittel, besonders dann, wenn ein Teller lackiert werden soll, damit die Maserung voll zur Geltung kommt.

Dem billigeren Flintpapier sollte man den Edelkorund auf flexiblem Köper aus mehreren Gründen vorziehen: Der Edelkorund ist fast so hart wie ein Diamant und hält deshalb wesentlich länger. Mit diesem Schleifmittel geht das Schleifen schneller und gründlicher. Man kauft davon am besten Rollenware in einer Breite von 100 mm und reißt davon 10 bis 15 cm lange Streifen ab. Diese Streifen werden immer dreifach gefaltet, damit sie besser in der Hand liegen, sich nicht verschieben und keine Reibungswärme durchlassen.

Beim Schleifen sollte man das Schleifpapier nicht zu fest andrücken, da es sich dadurch nicht besser schleift, aber sich schneller erwärmt und dadurch stumpf wird. Damit die Zwischenräume zwischen den Körnern nicht verstopfen, klopft man das Schleifpapier ab und zu aus.

Die Drehzahl der Spindel darf zum Schleifen auf der Drehbank nie höher sein als die Drehzahl, mit der man das Werkstück bearbeitet hat. Um Brandspuren auf den Drehteilen zu vermeiden, sollte man eher eine geringere Drehzahl wählen. Das Schleifpapier wird nicht auf eine Stelle gedrückt, sondern ständig hin- und herbewegt (s. Abb. 162 u. 164).

Kleine Hilfsmaschinen wie der Bandschleifer bringen eine wesentliche Erleichterung, und Drehteile mit schwachem Profil lassen sich mit ihm schneller bearbeiten. Man muß nur darauf achten, daß sich das Schleifband gegenläufig zur Drehrichtung des Werkstücks bewegt. Die Körnung des Schleifbandes sollte ein bis zwei Stufen feiner sein als beim Schleifpapier zum Handschleifen (s. Abb. 165).

Das Drehen eines Tellers in Bildern

146   Durch das Abrichten der dem Kernholz zugewandten Seite ist die zuvor eingezeichnete Mitte abgehobelt
worden. Man reißt die Mitte wieder an, indem man von vier
Seiten her den Zirkel schlägt.

147   Das Loch für das Schraubenfutter kann man sowohl
auf der Drehbank als auch mit einer Ständerbohrmaschine
bohren. Anstelle der Eisenspiralbohrer wählt man einen
Löffelbohrer, der samtweich läuft, nicht zieht und fusselfrei
schneidet.

148 Zuerst schrubbt man mit der Schrubbröhre vom Rand zur Tellermitte und wiederholt dies zwei-, dreimal, damit die Unterseite plan wird.

149 Mit dem Taster mißt man die günstigste Spanngröße des Dreibackenfutters für den Teller.

152 Die seitliche Rundung wird mit der Formröhre gedreht.

153 Man erkennt bereits die endgültige Form der Tellerrückseite.

150 Dieses Maß wird auf die Unterseite des Tellers übertragen. Der Tellerfuß dient als Spannrand für die Bearbeitung der Innenseite.

151 Nachdem der Spannrand eingedreht wurde, wird die flache Unterseite mit dem Flachschaber geschlichtet.

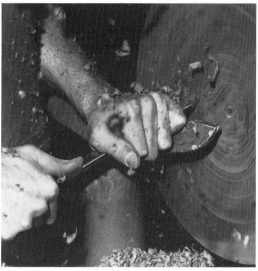

154 Die Rückseite wird geschliffen.

155 Der Teller wurde auf das Dreibackenfutter umgespannt und wird auf der Innenseite ausgedreht.

89

156 Eine schmale Kerbe am Rand dient dazu, den Rükken der Röhre anzulehnen. Unter leichter Drehung der Röhre dreht man die Rundung vom Rand her etwa 5 bis 6 cm tief zur Mitte hin.

157 Aus der Tellermitte nimmt man mit der Kante der Röhre mit grobem Span Material ab.

160 Mit dem Flachschaber schlichtet man den planen Teil der Innenseite.

161 Kleine Rillen als zusätzliches Dekor dreht man mit der Spitze eines Meißels in den Rand.

158 Man wiederholt dies, bis man die gewünschte Tiefe des Tellers erreicht hat.

159 Der Motor wird abgestellt, und man prüft je nach Durchmesser mit einer oder beiden Händen, wie stark der Tellerboden ist.

162 Abschließend wird der Teller auf der Drehbank geschliffen.

163 Nach dem Spritzen ist der Teller fertig.

164 Handschleifen profilierter Teile

165 Kleiner Bandschleifer zum Schleifen schwacher Profile

166   Bohrbrille

Das Bohren

Als Beispiel für das nicht ganz einfache Tieflochbohren dient ein Lampenschaft von 1,20 m Länge, der auf der Drehbank von beiden Seiten gebohrt werden soll, so daß sich die Bohrungen in der Mitte treffen.

Dafür kommt natürlich nur geradwüchsiges Holz in Frage, damit der Bohrer nicht seitlich verläuft, gleich ob man mit einer pneumatischen Maschine oder von Hand bohrt.

Grundsätzlich dreht sich das Werkstück beim Tieflochbohren auf der Drehbank, während der Bohrer stillsteht. Da der Bohrer einschneidig ist, zentriert er sich von selbst. Zunächst wird eine Kantel ausgeschrubbt, und an beiden Seiten wird ein Spund passend für das Spundfutter angedreht. Die Stirnseiten werden geradegestochen und an der Kante mit einer Fase versehen. Da der Lampenschaft 1,20 m lang ist, muß er so eingespannt werden, daß das Loch an der Stirnseite, an der sonst der Reitstock sitzt, gebohrt wird. Statt des Reitstockes benützt man dafür ein Bohrlünett, das man auch Bohrbrille nennt.

Die Bohrbrille ist ein Ring aus Eisen, der an einer Innenseite abgeschrägt ist.

An diesen Ring ist ein Rundeisen angeschweißt, damit die Bohrbrille in der Grundplatte der Handauflage gespannt werden kann. Bohrbrillen werden nicht von allen Drehbankherstellern angeboten, man kann sich dieses Spannwerkzeug aber auch vom Schlosser anfertigen lassen. Den Durchmesser des Bohrlünetts paßt man dem Spundfutter an. Die schräge Innenfase dient nun als Lauffläche, die wie eine starre Körnerspitze geölt werden muß.

Das vorbereitete Langholz wird auf der einen Seite in das Spundfutter eingeschlagen, auf der anderen Seite wird die Bohrbrille davorgesetzt. Die Handauflage wird quer zum Drehbankbett auf einem zweiten Halter etwa 2 cm vor die Bohrstelle im Werkstück gesetzt und etwas unterhalb der Mitte eingestellt. Nachdem man die Spindel mit einer Geschwindigkeit von 1100 U/min in Gang gesetzt hat, vergrößert man den Körnungspunkt mit dem kleinen Meißel auf 10 mm Durchmesser und achtet unterdessen auf den Rundlauf des Werkstückes.

Das Loch in dem Lampenschaft, das man für die elektrischen Leitungen benötigt, soll einen Durchmesser von 12 mm haben. Dazu braucht man einen Löffelbohrer mit einem Durchmesser von 6 mm zum Vorbohren und einen zweiten Löffelbohrer von 12 mm zum Nachbohren. Die Länge beider Bohrer, die wir in diesem Fall benötigen, beträgt mindestens 65 cm; da sie in dieser Länge nicht mehr im Handel erhältlich sind, muß man ein Rundeisen in passender Länge an den Bohrer anschweißen lassen.

Die Bohrerspitze wird nun mit dem Löffel nach oben angesetzt und sehr behutsam werden die er-

167   Löffelbohrer

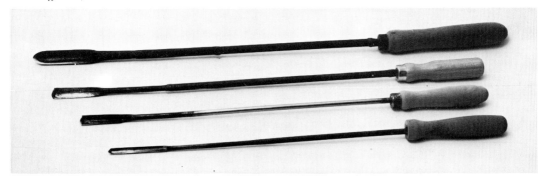

168　Bohren mit dem Löffelbohrer

169　Gerollte Späne im Löffel des Löffelbohrers

170　Aufbohren der Bohrung

sten zwei, drei Zentimeter gebohrt, damit dieser Anfang schlagfrei wird.

Man korrigiert den Lauf des Bohrers, indem man das Heft des Bohrers etwas hebt oder senkt und spürt sofort, ob er ruhig läuft. Wenn das gelungen ist, ist die weitere Arbeit einfach. Danach kann man schon mehr Span nehmen, und wenn der Bohrer richtig geschärft wurde, rollen sich die Späne im Löffel.

Nachdem der Bohrer etwa 3 cm tief steckt und zur Hälfte mit Spänen gefüllt ist, zieht man ihn heraus und wirft die Späne aus. Die Handauflage wird nun nicht mehr benötigt. Wieder wird der Bohrer eingeführt, man bohrt weitere 3 cm tief und wirft danach die Späne aus. Dieser Vorgang wird wiederholt, bis der Bohrer bis zum Heft im Werkstück steckt.

Obwohl sich der Bohrer von selbst zentriert, muß man mit viel Fingerspitzengefühl arbeiten. Der Bohrer kann verlaufen, wenn das Holz nicht geradwüchsig ist oder wenn die Späne zu spät oder nicht oft genug ausgeworfen werden. Ferner ist darauf zu achten, daß der Bohrer im Bohrloch nicht klemmt und daß man sich vor Beginn der Arbeit davon überzeugt, daß er gerade und auch genügend scharf ist.

Bevor mit dem zweiten Bohrer mit 12 mm Durchmesser nachgebohrt wird, dreht man den Anfang mit der kleinen Röhre schlagfrei vor. Dann bohrt

171 Dreikantschaber aus einer Feile

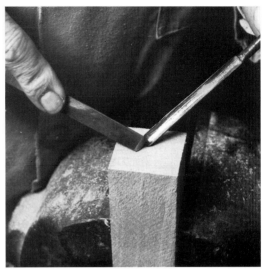

173 Ansetzen des Schabers zum Bohrerschärfen

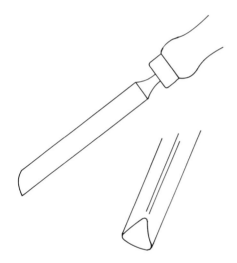

172 Dreikantschaber

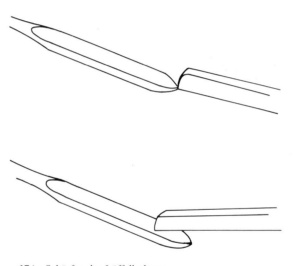

174 Schärfen des Löffelbohrers

man das Loch mit dem größeren Bohrer auf und verfährt dabei genauso wie zuvor.

Nachdem eine Seite fertiggebohrt wurde, spannt man das Werkstück um und verfährt auf der anderen Seite ebenso, bis man auf die erste Bohrung trifft und die Bohrung des Lampenschafts somit fertiggestellt ist.

Für weniger tiefe Löcher bis etwa 40 cm braucht man nur an einer Seite einen Spund anzudrehen. Eine Bohrbrille wird nicht mehr benötigt. Statt dessen richtet man die Handauflage parallel zum Werkstück aus, dreht zunächst mit dem kleinen Meißel den Körnungspunkt nach und legt den Meißel mit der linken Hand flach auf die Handauflage.

Er dient als Auflage für den Löffelbohrer, den man mit dem linken Zeigefinger festhält. Wie beim vorigen Beispiel dreht man behutsam den Anfang, entfernt dann die Handauflage und bohrt allmählich tiefer. Für Löcher mit einem größeren Durchmesser verwendet man stets mehrere Löffelbohrer: Man beginnt mit einem Durchmesser von 6 bis 8 mm, bohrt mit einem Bohrer von 10 bis 12 mm Durchmesser auf und verwendet anschließend einen Bohrerdurchmesser von 15 bis 18 mm. Noch größere Durchmesser sind ausgesprochen schwierig zu bohren, denn über 25 mm Durchmesser kann man einen Bohrer kaum noch festhalten.

Das mehrfache Aufbohren hat verschiedene Grün-

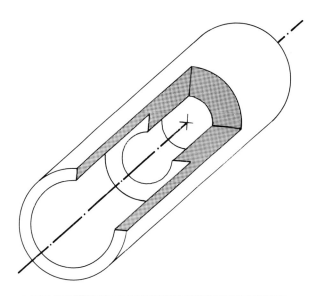

175 Abgesetzte Bohrung

176 Bohrschlitten

177 Bohrschlitten zum
Festspannen
des Werkstückes

178 Holzspiralbohrer
für Querholz mit seitlichen
Vorschneiden (oben)
Eisenspiralbohrer mit
selbst angeschliffener Zentrierspitze für Hirnholz
(Mitte)
Löffelbohrer für Hirn-
und Querholz (unten)

179   Forstner oder Ast-
lochbohrer für Querholz.
Er zentriert sich selbst mit
dem als Vorschneider ar-
beitenden umlaufenden
Rand (oben).
Kunstbohrer, gebräuch-
lichster Querholzbohrer
beim Arbeiten an Ständer-
bohrmaschinen (Mitte)
Eisenspiralbohrer mit an-
geschliffener Zentrierspitze. Wird im Reitstock von
Drehbänken und Dreh-
automaten eingesetzt
(unten).

de: Zum einen kann man den Bohrer besser führen, weil die auftretenden Kräfte an der Schneide geringer sind. Zum anderen verläuft der Bohrer nicht so schnell.

Würde man gleich einen großen Bohrdurchmesser wählen, könnte man den Bohrer nur schwer halten. Geschärft werden Löffelbohrer mit einem Schaber, den man in der Metallbearbeitung zum Entgraten verwendet. Ein Löffelbohrer wird von innen geschärft. Man führt den Schaber an der Kante entlang und zieht ihn nach oben. Den dabei außen entstehenden Grat entfernt man vorsichtig mit einer feinen Feile.

Der Bohrschlitten

Für kürzere Bohrungen und solche mit einem größeren Durchmesser ab 20 mm, aber auch für abge-

setzte Bohrungen mit verschiedenen Durchmessern benützt man einen Bohrschlitten. Diese Vorrichtung, die man als Aufsatz für die Drehbank oder als freistehende Maschine erhält, ist ein zentrisch spannender Maschinenschraubstock, der sich auf einem Schlitten befindet, welcher parallel zum Drehbankbett verschiebbar ist. Die zentrisch spannenden Spannbacken des Schraubstockes können sowohl runde Werkstücke wie auch Kantelabschnitte von verschiedenen Durchmessern spannen. Im Gegensatz zu einer Tieflochbohrmaschine, die nach dem Prinzip der Löffelbohrer arbeitet, werden hier meist zweischneidige Spiralbohrer verwendet. Bei größerer Bohrtiefe müssen die Späne durch Zurückführen des Schlittens ausgeworfen werden. In der Regel sollte man die Späne entfernen, wenn man fünfmal so tief gebohrt hat, wie der Bohrer dick ist.

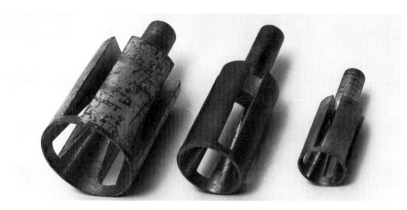

180 Mitnehmer für
Holzkanteln

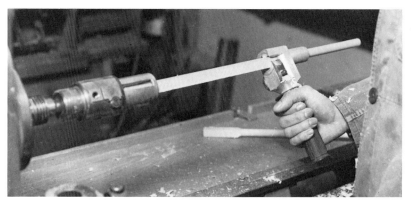

181 Drehen von Rund-
stäben auf der Drehbank

182 Kluppe und
Schneidbolzen

183 Schneiden von
Innengewinden

Die Herstellung von Rundstäben

Für Rundstäbe braucht man geradwüchsiges Holz, das häufig für die industrielle Fertigung aus dem Ausland kommt, weil heimische Hölzer von entsprechender Qualität recht teuer sind. Die Methoden zur Bearbeitung von Rundstäben unterscheidet man danach, ob man längs oder quer zur Faserrichtung des Holzes arbeitet.

Der Handdübelfräser

Quer zur Faser arbeitet man mit einem Handdübelfräser, mit dem man Rundstäbe schnell, einfach und billig herstellen kann. Für jeden Durchmesser eines Rundstabes braucht man einen passenden Fräser, die man in Durchmessern zwischen 6 und 25 mm im Handel kaufen kann. Darüber hinaus benötigt man drei runde Mitnehmer mit einer konischen Bohrung, die durch vier Einfräsungen unterbrochen ist, um eine Kantel an den Ecken zentrisch zu halten. Diese Mitnehmer mit den Außendurchmessern von 20, 30 und 45 mm passen für alle Stabdurchmesser zwischen 6 und 25 mm und lassen sich in ein Bohrfutter einspannen.

Der Körper eines Handdübelfräsers besteht aus Aluminium und ist mit einem handlichen Gummigriff versehen. Innen sitzt ein Messer aus hochwertigem Stahl, das durch eine Schraube befestigt ist. Die Arbeitsweise eines Handdübelfräsers ist einfach: Man schneidet eine Kantel zu, deren Querschnitt einen Millimeter stärker ist als der gewünschte Durchmesser des Rundstabes. Für einen Rundstab mit einem Durchmesser von 15 mm schneidet man eine Kantel von 16 mal 16 mm zu. Man steckt ein Ende der Kantel in die vier Einfräsungen des passenden Mitnehmers und schiebt den Handdübelfräser mit leichtem Druck über das andere Ende. Wenn man die Spindel anlaufen läßt, darf der Rundstab nicht zu locker im Handdübelfräser laufen, denn die Oberfläche wird sonst unsauber. Sitzt der Fräser zu stramm, erhitzt er sich rasch. Kleinere Maßdifferenzen bis zu 2/10 mm kann man korrigieren, indem man das Messer im Fräser vor- oder zurückschiebt.

Die Gewinde

Es gibt zwei Methoden, Gewinde zu schneiden, wenn man die gefrästen Maschinengewinde einmal außer acht läßt: Das einfachere Verfahren ist, ein Gewinde mit der Kluppe von Hand zu schneiden; beim zweiten Verfahren dreht man das Gewinde mit einem Strähler auf der Drehbank.

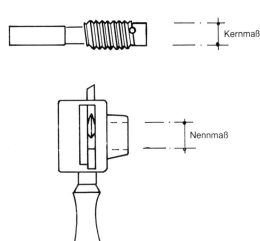

184 Nennmaß und Kernmaß

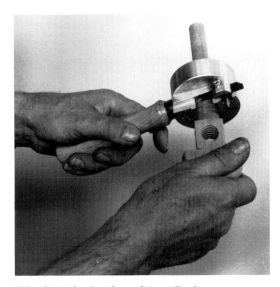

185 Gewindeschneiden auf einem Zapfen

Die gebräuchlicheren Kluppengewinde haben den Vorteil, daß man lediglich den Durchmesser des Gewindes als Maß berücksichtigen muß. Für Holzgewinde gibt es bislang keine vereinheitlichende Norm, da die Steigung durch die Kluppe festgelegt ist.

Zunächst wählt man für die Gewindespindel – sie wird auch Gewindezapfen genannt – Langholz aus, während man für das Innen- oder Muttergewinde möglichst Querholz verwenden sollte, um ein Gewinde sauber schneiden zu können.

Für das Innengewinde mißt man das Kernmaß – das ist der Anfangsdurchmesser des Gewindebohrers oder Schneidbolzens – und bohrt hierfür ein passendes Loch in das Querholz.

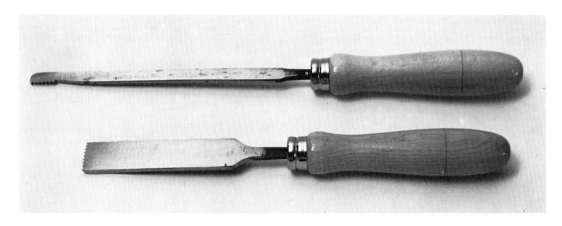

186 Strählerwerkzeug

187 Schneidezahnung
der Strähler

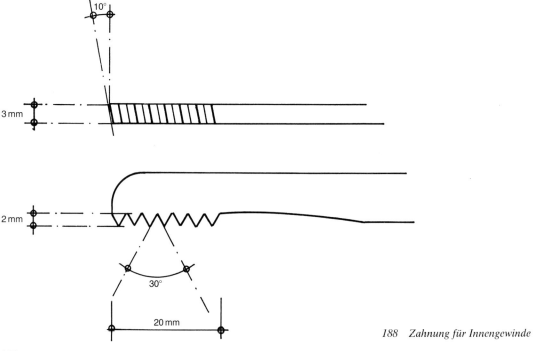

10°

3 mm

2 mm

30°

20 mm

188 Zahnung für Innengewinde

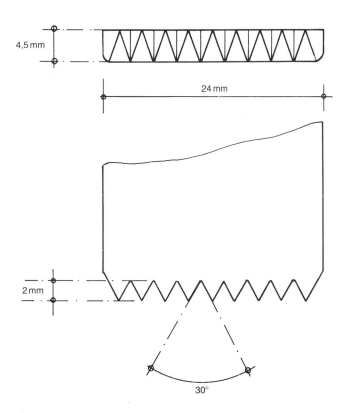

4,5 mm

24 mm

2 mm

30°

Mit einem Windeisen – das ist die am Vierkant des Gewindebohrers angesetzte Halterung – dreht man den Gewindebohrer in das Loch und achtet darauf, daß man ihn gerade hält.

Die eigentliche Gewindeschraube, das Spindelgewinde, erhält einen Außendurchmesser, der zur Öffnung der Führungskappe der Kluppe paßt; diesen Durchmesser bezeichnet man als das Nennmaß eines Gewindes.

Das Gewinde wird geschnitten, indem man die Kluppe über den gedrehten Zapfen windet.

Soll das Spindelgewinde über den ganzen Zapfen reichen, muß man die Kappe der Kluppe abnehmen. Diese Kappe hat die Aufgabe, den Zapfen gerade zu führen und dadurch für einen sauberen und exakten Gewindeanfang zu sorgen. Wenn soviele Gewindegänge geschnitten wurden, daß sie am anderen Ende der Kluppe herausschauen, kann man auf die Kappe verzichten. Man windet also die Kluppe ohne Kappe ein zweites Mal über den Zapfen, wobei der hintere Teil des Gewindes in der Kluppe den Zapfen führt. Ein sogenannter Geißfuß, ein der Gewindeform angepaßtes, hohl geschliffenes Messer, ist in der Kluppe befestigt und dient als Schneidewerkzeug.

Um ein Strählergewinde auf der Drehbank zu schneiden, braucht man zwei Maße: den Gewinde-

durchmesser und die Steigung, die angibt, wie viele Gewindegänge auf ein Zoll des Gewindes kommen. Ferner braucht man zwei meißelförmige Werkzeuge, die man selbst anfertigen muß.

Die beiden Strähler für das Innen- und Außengewinde haben an der Vorderseite jeweils die gleiche Zahnung, die ineinandergreifen muß.

Beim Herstellen der Gewinde mit dem Strähler

190 Drehen eines Gewindezapfens

191 Drehen eines Außengewindes mit Hilfe eines Strählers

192 Prüfen des Gewindeganges

193 Einsetzen eines Werkstückes in ein selbstgedrehtes Holzfutter

194 Drehen eines Innengewindes mit Hilfe eines Strählers

nimmt man immer Querholz, da dann das Gewinde nicht ausbricht.

Wichtig ist, daß man das Querholz nur von der Seite her mit einer Röhre dreht. Sobald man den erforderlichen Durchmesser gedreht hat, stellt man die langsamste Geschwindigkeit der Spindel ein.

Wenn man ein Rechtsgewinde herstellen will, fährt man mit dem breiten Strähler langsam und gleichmäßig über das Querholz in Richtung des Spindelstocks. Dabei muß man aufpassen, daß man den Strähler exakt an der Kante des Querholzes ansetzt, weil ein überstehender Zahn des Strählers einen zweiten Gewindeanfang drehen würde. Ob zwei Gewindeanfänge gedreht wurden, überprüft man, indem mit einem Bleistift in einer Gewinderille, dem Gewindegang folgend, ein Bleistiftstrich gezogen wird. Hat man doch zwei Anfänge gedreht, muß man ein neues Querholz einspannen und von vorne beginnen. Ist alles in Ordnung, fährt man mit dem Strähler fünf- bis sechsmal über das Querholz und nimmt in den Gewindegängen einen kleinen Span ab, bis die Rillen tiefer werden.

Auf ähnliche Weise strählt man das Innengewinde. Man stellt ein einfaches Holzfutter her, das auf dem Schraubenfutter sitzt, da ein Dreibackenfutter zu gefährlich ist, weil man mit dem Strähler die Backen berühren könnte.

Wie zuvor beim Außengewinde schneidet man das Innengewinde gleichmäßig und mit leichtem Druck in die Bohrung, bis die Rillen tiefer werden und das Gewinde schließlich ausgeschnitten ist. Auch die Probe mit dem Bleistift, ob zwei Gewindeanfänge geschnitten wurden, sollte durchgeführt werden.

Nachdem Innen- und Außengewinde fertiggestellt sind, schmiert man das Innengewinde aus Querholz mit Seife, weil die teils gegenläufig zum Gewinde verlaufende Faserrichtung im Querholz einmal eingedrehte Gewindeteile sonst unlösbar festhält.

Das Drehen einer Kugel

Um eine Kugel über Kreuz zu drehen, kommt es vor allem auf ein gutes Augenmaß an. Man beginnt damit, ein passendes Stück Holz auszuschrubben, wobei sich Buche gut für eine Kugel eignet. Auf der Abbildung 195 sieht man, wie die Späne durch die halb geöffnete Hand abgefangen werden und zu Boden fallen.

195 *Ausschrubben des Holzes*

196 Markierung der Mitte

197 Drehen mit der Formröhre

198 Trichterförmiger Einsatz

199 Das umgespannte Werkstück

200 *Abnehmen der letzten Erhebungen*

201 *Drehen mit der langen Röhre*

Auf das zwischen Mitnehmer und Körnerspitze gespannte Werkstück wird in der Mitte eine umlaufende Bleistiftmarkierung angebracht, damit man nicht auf das Augenmaß allein angewiesen ist und eine Hilfslinie zum Umspannen hat.

Da es sich bei dem Werkstück um Langholz handelt, dreht man mit der Formröhre vom Bleistiftstrich ausgehend zum Mitnehmer bzw. zur Körnerspitze hin, bis man eine Kugelform erhält.

Die gewöhnliche Körnerspitze wird nun durch einen trichterförmigen Einsatz für die mitlaufende Körnerspitze ersetzt.

Das Drehteil wird über Kreuz umgespannt. Als Mitnehmer dient nun ein trichterförmig gedrehtes Holzstück im Spundfutter.

Die beiden verbliebenen Erhebungen, die vom Langholzdrehen noch übrig sind, werden von der Seite her mit der Röhre weggedreht, da man nun Querholz bearbeitet.

Man dreht nach dem Umspannen von unten nach oben. Mit einer längeren Röhre, die wegen ihrer Länge sicherer zu handhaben ist, setzt man beim Mitnehmer an und dreht zur Kugelmitte hin.

Schließlich prüft man, während sich die Kugel dreht, ob sie noch »Schlag« hat, das heißt ob die Form noch unregelmäßig ist und ob noch etwas weggedreht werden muß.

Wenn man die Kugel noch einmal umspannen muß, um die letzten Unregelmäßigkeiten zu beseitigen, achtet man darauf, ob man Langholz oder Querholz bearbeitet.

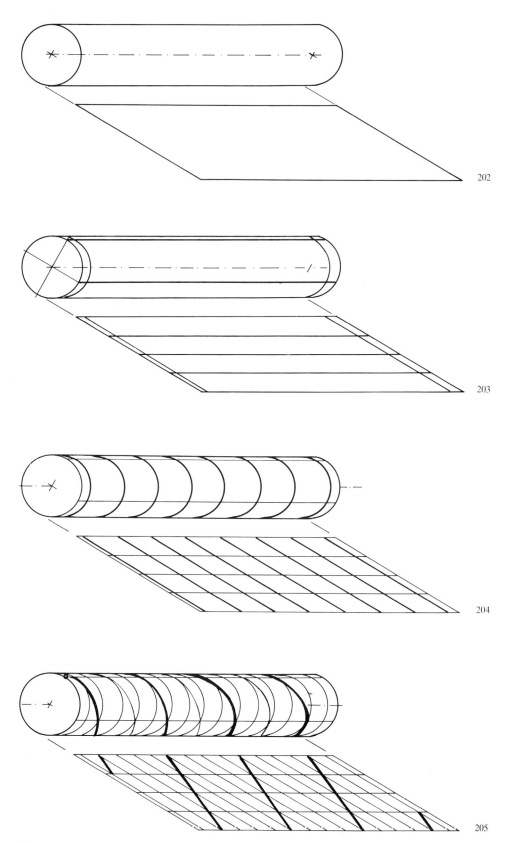

202

203

204

205

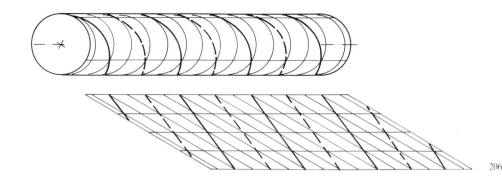

Die Windungen

Viel Zeit und erhebliches Können erfordert es, Windungen in ihren vielfältigen Gestaltungsmöglichkeiten herzustellen. Diese anspruchsvolle und nicht alltägliche Arbeit sollte man sich erst zutrauen, wenn man die voranstehenden Techniken bereits sicher beherrscht.

Die Schlangenwindung

Eine Windung, die sowohl im Windungsgrund als auch auf den erhabenen Teilen abgerundet ist und die eingängig verläuft, nennt man Schlangenwindung. Dazu sucht man sich ein Stück Holz – zum Üben empfiehlt sich Linde oder Pappel – in der gewünschten Länge aus, das etwa 65 mm stark ist. Man schrubbt es zylindrisch aus und schlichtet die Oberfläche.

Es gibt nun zwei Möglichkeiten, eine Windung aufzuzeichnen: Man kann die exakte geometrische Form mit Gitternetz und Diagonalen einzeichnen, oder man windet einen Papierstreifen um das Werkstück, was Drechsler bevorzugen, weil es unproblematisch ist und schneller geht. Man schneidet dazu einen 6 bis 8 cm breiten Streifen aus steifem Packpapier zurecht, heftet ihn an der Seite mit einem Nägelchen oder einer Reißzwecke fest und wickelt ihn spiralförmig um das zylindrische Drehteil. Je nachdem, wie steil die Windung verlaufen soll, zieht man den Papierstreifen auseinander oder schiebt ihn zusammen. Man heftet auch das andere Ende des Streifens fest und zeichnet mit einem Bleistift eine Kante des Papierstreifens nach, und schon ist das Aufzeichnen fertig.

Danach nimmt man den Papierstreifen wieder ab und sägt mit einem Fuchsschwanz gleichmäßig 2 cm tief entlang des Bleistiftstriches. Man kann die Schnittiefe auf 2 cm begrenzen, indem man seitlich am Sägeblatt eine Holzleiste als Anschlag befestigt. Statt die Windung zu sägen, kann man auch mit

202   Die zylindrisch ausgeschrubbte Säule. Davor liegt die gedachte Abwicklung, die die einzelnen Schritte verdeutlicht.

203   Zuerst wird 2–3 cm vom Rand der Säule links und rechts eine umlaufende Markierung mit dem Zirkel oder Bleistift angebracht. Dies entspricht der späteren Länge der Windung. Dann wird dieser Umfang in gleiche Teile aufgeteilt. Von eingängigen bis viergängigen Windungen empfiehlt sich, eine Viertel-Teilung vorzunehmen. Ab fünf Windungsgängen sollte der Umfang in gleiche Teile zu den Windungsgängen eingeteilt werden. Von einer Markierung wird eine gerade Linie zu dem anderen eingezeichneten Umfang gezogen, und dort wird ebenfalls der Umfang in Viertel-Teile geteilt. Die so gefundenen Punkte können nun verbunden werden.

204   Die Länge zwischen den zwei umlaufenden Punkten wird in gleiche Teile geteilt. Je größer die Teilung, desto steiler, je kleiner die Teilung, desto flacher verläuft die Windung. Man sollte immer mit größeren Abständen beginnen. Stellt sich beim Aufzeichnen heraus, daß die Windung zu steil ist, kann man die Abstände halbieren und so die Windung flacher werden lassen. Als Ergebnis dieser Arbeit erhält man ein Gitternetz.

205   Verbindet man die erhaltenen Punkte des Gitternetzes, so erhält man als Diagonale die Windung. Bei einer eingängigen Windung zeichnet man von einem Anfangspunkt aus die Diagonalen ein. Der dem Anfangspunkt gegenüberliegende Punkt ist der Anfang des Windungsgrundes (dünn gezeichnete Linie).

206   Die zweigängige Windung (der Übersichtlichkeit wegen wurde der Windungsgrund weggelassen).

207 Vorarbeiten der Windung

208 Einsatz des Stechbeitels

einer Ständerbohrmaschine entlang des Bleistiftstriches gleichtiefe Löcher bohren.

Nachdem die Windung auf der ganzen Länge eingeschnitten oder eingebohrt worden ist, schlägt man
das Material rechts und links des Einschnittes mit
einem 25 mm breiten Schreinerstechbeitel schräg
zum Schnittgrund weg.

Danach arbeitet man mit der halbrunden Seite einer Raspel den Windungsgrund aus, während man
die später halbrunde Oberseite der Windung mit
der flachen Seite der Raspel bearbeitet.

Größere Unebenheiten nimmt man mit einem
Stecheisen weg und gleicht zu tief gehauene Stellen aus.

Die Windung hat bereits ihre endgültige Gestalt
angenommen, und man bessert mit einer Halbrund-
feile so lange nach, bis die Windungen sauber her-
vortreten. Dazu kann man auch eine Handband-
schleifmaschine verwenden, die im Kapitel über das
Schleifen vorgestellt wurde (S. 86), doch man muß
dabei Obacht geben, daß man nicht zuviel weg-
schleift. Für den letzten Schliff von Hand läßt man
die Spindel mit der langsamsten Geschwindigkeit
laufen und fährt mit einem Schleifpapier die Windungen nach. Während der gesamten Arbeit kann
das Werkstück eingespannt bleiben; doch um es
einzuschneiden, zu raspeln und zu feilen, muß die
Spindel festgeklemmt werden.

209 Ausgearbeitete Zopfwindung

210 Schleifen der Windung

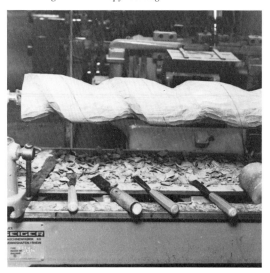

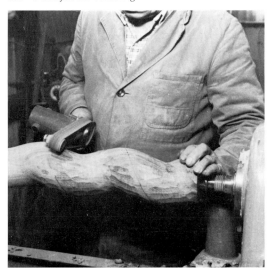

Die Zopfwindung

Im Gegensatz zur Schlangenwindung bleibt der Windungsgrund einer Zopfwindung, die mindestens zweigängig, oft aber mehrgängig ist, spitzwinklig.

Die Seiten der Windung kann man zwar mit einem Stechbeitel bearbeiten, doch besser geht es mit einem leicht gewölbten Holzbildhauereisen. Dieses Werkzeug hat eine gerundete Schneide, damit die einzelnen Stiche – man spricht bei diesem Werkzeug nicht von Schnitten – besser entsprechend dem Verlauf der Rundung ineinanderübergehen. Da dieses Eisen zudem dünner ist als ein Schreinerstechbeitel, ist es wesentlich einfacher zu handha-

ben, und die Stiche lassen sich besser verschleifen. Für Windungen mit mehr als zwei Gängen sowie für eine Hohlwindung oder wenn die Grundform bauchig ist, kann man zum Aufzeichnen keinen Papierstreifen verwenden.

Wie man Windungen aufzeichnet, wird anhand einer fünfgängigen Windung auf einer bauchigen Grundform demonstriert, deren Durchmesser obendrein an einer Seite stärker ist als an der anderen: Zunächst zieht man an der dicksten Stelle der bauchigen Form einen umlaufenden Strich.

Man mißt mit dem Zirkel den Durchmesser und ermittelt so den entsprechenden Radius. (Durchmesser : 2 = Radius)

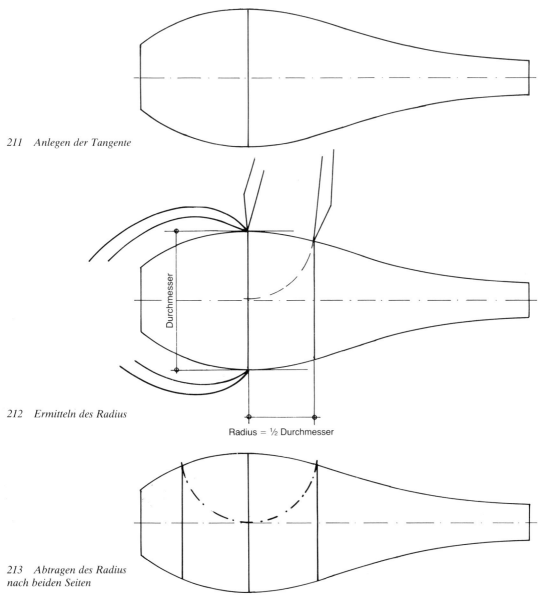

211   *Anlegen der Tangente*

212   *Ermitteln des Radius*

Radius = ½ Durchmesser

213   *Abtragen des Radius nach beiden Seiten*

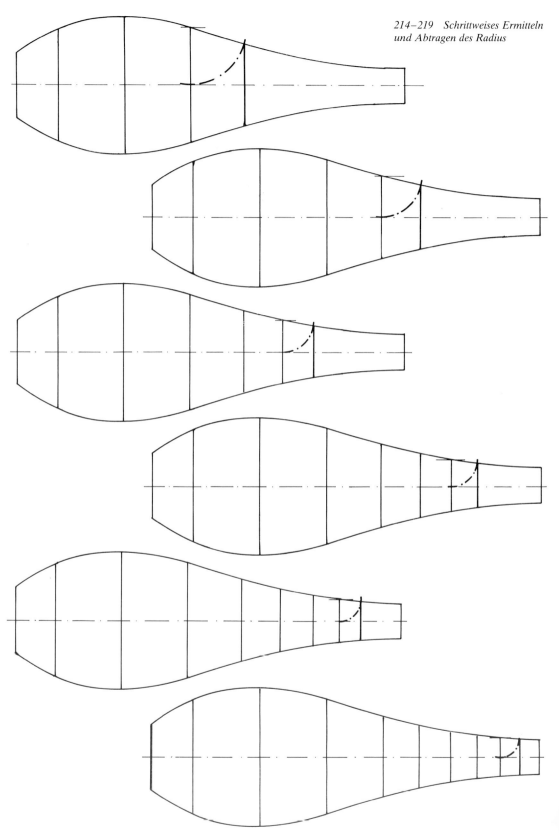

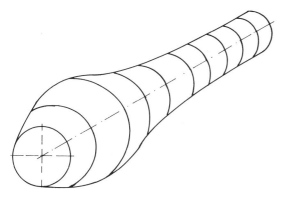

220 Auf dem Werkstück aufgetragene Markierungen (abhängig vom Durchmesser)

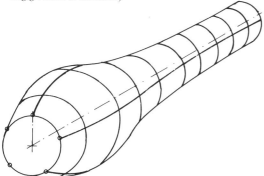

221 Aufgezeichnetes Gitternetz

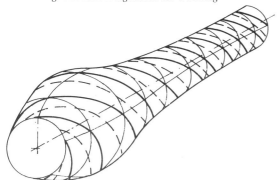

222 Eingezeichnete Diagonalen der Windung

Den Radius nimmt man in den Spitzzirkel und trägt ihn nach beiden Seiten auf dem Werkstück von dem umlaufenden Strich aus ab.

Man mißt den neu erhaltenen Durchmesser und trägt den Radius wiederum auf dem Werkstück ab. Bei langgezogenen Formen und steilerer Windung kann man auch direkt den Durchmesser nach links und rechts abtragen.

Die Abbildung 211 zeigt die in der Drehbank eingespannte Form beim jetzigen Stand der Arbeit. Da die gewählte Form nicht nur bauchig ist, sondern an der einen Seite dünner ist als an der anderen Seite, müssen die umlaufenden Teilungsringe in ein Verhältnis zum Durchmesser gebracht werden. Dies wird durch das beschriebene Verfahren erreicht. Die umlaufende Markierung einer Seite, am Anfang oder Ende der Säule, wird in fünf gleiche Teile geteilt. Mit einem biegsamen Lineal, wegen der bauchigen Form, wird von einer Markierung ein waagerechter Strich gezogen, längs über die Säule. Von dem erhaltenen Punkt auf dem letzten umlaufenden Strich am anderen Ende wird wiederum die Fünferteilung vorgenommen.

Die erhaltenen Punkte werden geradlinig miteinander verbunden und man erhält das Gitternetz.

Im nächsten Schritt werden die Diagonalen eingezeichnet, indem man die Eckpunkte des Gitters verbindet.

Ein Tip: zuerst zwei oder drei Diagonalen einzeichnen, um zu prüfen, ob die Steigung stimmt. Wenn nicht, dann muß man das Gitternetz verengen oder erweitern.

Flacher wird die Windung, indem zwischen den ersten beiden umlaufenden Markierungen die Mitte gewählt wird und dann wie bereits beschrieben mit dem Zirkel die umlaufenden Teilstriche aufgezeichnet werden.

In der Abb. 223 sind die Vertiefungen der Win-

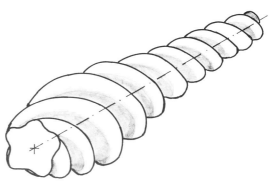

223 Eingezeichneter Windungsgrund

224 Gewundenes Werkstück

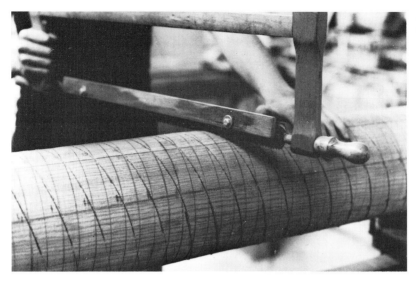

225 Einsägen
des Windungsgrundes

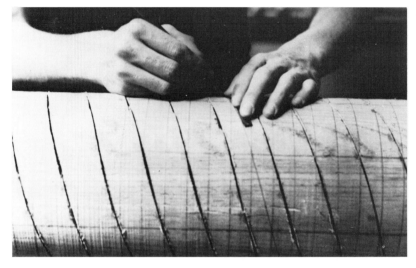

226 Aufzeichnen
der Windungsspitze

227 Ausarbeiten der
Windung

dung, der Windungsgrund, als gestrichelte Linie eingezeichnet.

Die Form der aufgezeichneten Säule ist der Abb. 224 zu entnehmen.

Die Windungen, die sich durch die aneinandergereihten Diagonalen ergeben, werden mit einer Säge eingeschnitten, wobei man die Schnittiefe wieder mit einer aufgeschraubten Holzleiste begrenzt.

Nach dem Einsägen wird die erhabenste Stelle der Windung zwischen den Einschnitten durch einen Bleistiftstrich gekennzeichnet, der während der weiteren Arbeiten nicht entfernt wird.

Das Material zwischen dieser Linie, die den höchsten Punkt der Windung angibt, und dem Grund des Sägeschnittes wird mit dem Holzbildhauereisen schräg weggehauen.

In Abbildung 228 u. 229 sieht man eine Windung mit vier Zöpfen, die als Tresensäule für ein Weinlokal bestimmt ist und den Gewinden alter Keltern nachempfunden ist.

Zum Schluß werden die Beitelstiche des Holzbildhauereisens mit dem Gummiteller eines langsam laufenden Winkelschleifers verschliffen.

Wenn zwei gewundene Säulen nebeneinanderstehen, werden die Windungen aus optischen Gründen oft entgegengesetzt verlaufend angeordnet. Für eine linksgängige Windung müssen die Diagonalen lediglich von rechts unten nach links oben eingezeichnet werden.

228   Windung einer Kelter nachempfunden

229   Schleifen der Windung

230   Gewundene eingängige Säulen

113

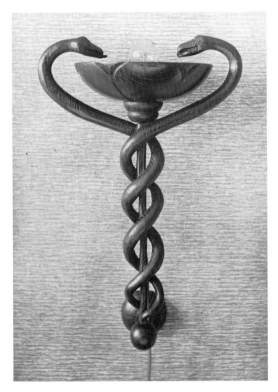

231   Hohlwindung (oben links)

232   Lampenfuß mit Hohlwindung (oben rechts)

233   Stehlampenfuß mit steiler Hohlwindung

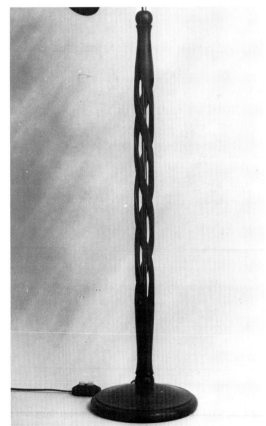

234   Unterlage zum Bohren runder Werkstücke

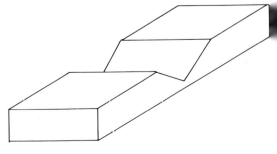

Die Hohlwindung

Sehr schwierig, doch besonders prächtig sind Hohlwindungen, die Gesellen häufig als Meisterstück anfertigen. Entsprechend sollte man auch wertvolle Hölzer wie Nußbaum oder die dekorative finnische Maserbirke aussuchen, die weder hart noch spröde, aber dennoch fest genug sind. Die Abbildungen 231–233 zeigen Beispiele für Hohlwindungen, die in mannigfacher Gestalt gearbeitet werden können. Nachdem das Holz geschrubbt und geschlichtet ist, wird durch die Mittelachse des Werkstückes ein durchgehendes Loch mit einem Durchmesser von etwa 15 bis 18 mm mittels eines Löffelbohrers gebohrt. Ein Gitternetz wird eingezeichnet, wie es für die Zopfwindung beschrieben wurde. Nun wird das Material entlang der aufgezeichneten Linien der Windung entfernt. Dazu bohrt man mit einem Forstner- oder Astlochbohrer Loch für Loch nebeneinander und hält die Bohrspitze stets zur Mittelachse des Werkstückes. Man kann mit einer Handbohrmaschine arbeiten, doch es geht schneller und sicherer, wenn man mit einer Ständerbohrmaschine bohrt und das Werkstück festhält. Man legt es auf eine von zwei Seiten her schräg eingeschnittene Unterlage, damit die Bohrspitze immer zum Mittelpunkt gerichtet ist.

Je nach Durchmesser des Werkstückes muß der Bohrer entsprechend dicker oder dünner sein; bei einer bauchigen Form verwendet man daher verschiedene Bohrer.

Man spannt das Werkstück in die Drehbank, klemmt die Spindel fest und beginnt, die halbrunden Materialreste an den Bohrlöchern wegzustechen. Je mehr Windungsstäbe frei stehen, desto wackeliger wird das Werkstück, daher befestigt man vorne und hinten eine Handauflage, um dem Werkstück etwas Halt zu geben. Dazu kann man auch ein passend geschnittenes Holz oder ein geöffnetes Lünett verwenden.

Die einzelnen Stäbe der Windung werden geschnitzt und haben einen tropfenförmigen Querschnitt: Sie sind nach außen hin abgerundet und laufen zur Mitte hin flachschenklig spitz zu. Mit Feile und Schleifpapier wird die Arbeit vollendet. Wie diese Beschreibung schon ahnen läßt, sind Hohlwindungen äußerst zerbrechliche Gebilde, besonders wenn ihre Steigung flach ist oder wenn sie zum Beispiel für eine Stehlampe einen Meter oder länger sind.

Solche Windungen bekommen erst durch ein Stahlrohr einen festen Halt, durch das dann auch das Stromkabel geführt werden kann.

Die Oberflächenbehandlung

Früher war es recht mühselig, einen gleichmäßig lackierten Überzug zu erhalten, doch heute erleichtern moderne Hilfsmittel diese Arbeit sowohl bei den Auftragsverfahren wie auch bei den Lacken. Vorbei sind die Zeiten, da jeder seine eigene Methode hatte, Schellack anzusetzen, um das Werkstück danach in der Drehbank zu polieren. Nach wie vor gilt aber der Grundsatz, daß man eine saubere Oberfläche nur an einem sauberen Arbeitsplatz schaffen kann. Man achtet daher darauf, daß möglichst wenig Staub vorhanden ist und die Oberfläche eines Werkstücks glatt geschliffen ist (siehe Kapitel »Schleifen« S. 86).

Darüber hinaus soll bei der Oberflächenbehandlung eine gleichmäßige Raumtemperatur von 20 °C eingehalten werden. Entsprechende Hinweise für jeden Lacktyp geben die Hersteller auf den Gebinden und in technischen Merkblättern. Den Lacken werden Lösungsmittel beigegeben, die beim Trocknen verdunsten. Da alle Lösungsmittel bei einer bestimmten Konzentration mit Luft ein hochexplosives Gemisch bilden können, müssen die Werkstatträume gut gelüftet werden, und offenes Feuer oder Funkenbildung müssen unbedingt vermieden werden. Gewerbebetrieben wird auf Grund dessen genau vorgeschrieben, wie Räume für Lackierarbeiten beschaffen sein müssen. Wer das Drechseln als Hobby betreibt, sollte auf jeden Fall die Hinweise, die im Kapitel »Die Werkstatt des Drechslers« gegeben werden (S. 34), befolgen. An dieser Stelle seien nun noch weitere Hinweise gegeben: Lösungsmittel sind schwerer als Luft; sie strömen zu Boden und bilden ein explosives Gemisch mit Luft, das allmählich aufsteigt. Falls man in einem Hobbyraum im Keller arbeitet, reicht deshalb ein Kellerfenster unter der Zimmerdecke zur Lüftung nicht immer aus. Die Tür eines Kellerraumes sollte zudem unten mit einem Dichtungsprofil versehen werden. Vor allem wenn mehrere Werkstücke zur gleichen Zeit lackiert werden, gilt im Hobbyraum und in angrenzenden Räumen oder Gängen striktes Rauchverbot. Für Gewerbebetriebe gelten gesonderte Hinweise (s. S. 154).

Wie bereits erwähnt, gibt es im Vergleich zu früher verbesserte Auftragsverfahren, die ein leichteres Arbeiten beim Lackieren ermöglichen. Man unterscheidet zwischen dem Spritzen, dem Tauchen, dem Trommeln und dem Schleuderverfahren. Der Vollständigkeit halber werden auch das Abstreifverfahren und das Durchstoßverfahren erwähnt.

235 Oberflächenauftrag im Schleuderverfahren

Das Abstreifverfahren wird zur Lackierung langer Rundstäbe angewandt. Man legt einen Stab in eine entsprechend lange Wanne, die mit Lack gefüllt ist. Wenn man den Rundstab aus dem Lackbad herausholt, streift man an einer Seite einen Ring über den Stab und zieht ihn durch diesen Ring. Eine Filzmanschette im Ring, die dem Durchmesser des Stabes entspricht, streift den überschüssigen Lack ab. Diese Methode eignet sich besonders für Besenstiele und ähnlich lange Teile.

Das Durchstoßverfahren wird in der Industrie zum Lackieren von Bleistiften angewendet. In einem Lackbehälter sind zwei Öffnungen, die mit Filzmanschetten versehen sind und durch die kontinuierlich Bleistifte durchgeschoben werden. Bei einer Arbeitsunterbrechung bleibt der letzte Rundstab im Behälter stecken, damit der Lack nicht auslaufen kann. Kleine oder auch tief profilierte Drehteile wie zum Beispiel Schachfiguren, Möbelknöpfe und ähnliches werden nach dem Schleuderverfahren lackiert. Man steckt die Teile auf etwa 20 cm lange Stahlnadeln und taucht sie in ein Gefäß, das etwa zur Hälfte mit Lack gefüllt ist. Dann nimmt man die Werkstücke so weit aus dem Lackbad, daß sie noch in der oberen Hälfte des Gefäßes bleiben. Man dreht die Stahlnadel wie einen Quirl zwischen den Handflächen, damit der überschüssige Lack an den Gefäßrand geschleudert wird. Zum Trocknen bleibt das Werkstück auf der Nadel aufgespießt.

Eher für Massenartikel ist das Tauchen geeignet. Diese Technik wendet man bei Rundstäben mit möglichst glatter, wenig profilierter Oberfläche in großen Stückzahlen an. Hinweise zu diesem Verfahren sind im Kapitel für Gewerbebetriebe nachzulesen (S. 155).

Das Trommelverfahren findet bei kleinen Drehteilen Anwendung, die in großen Stückzahlen lackiert werden sollen. Diese werden in einer umlaufenden Trommel – daher der Name Trommeln – unter Zugabe eines speziellen Lackes lackiert (S. 156 f.).

Das Spritzen ist das Verfahren, das sich weitestgehend durchgesetzt hat, da es sich für einzelne Drehteile oder für große Stückzahlen, für Teile aus Langholz und aus Querholz gleichermaßen eignet, um schnell und sauber zu lackieren.

Am einfachsten geht das Lackieren mit Sprühdosen, in denen mittlerweile die unterschiedlichsten Lacksysteme, -farben und Glanzgrade angeboten werden. Bei kleinen Werkstücken und bei Ausbesserungsarbeiten erreicht man damit akzeptable Ergebnisse.

Bei größeren Werkstücken erfolgt das Auftragen der Lacke und Beizen mit einer Spritzpistole. Hierbei unterscheidet man das Druckluftsystem und das Airlessverfahren.

Beim herkömmlichen Spritzen mit Druckluft braucht man einen Drucklufterzeuger, den Kompressor, ein Druckreduzierungsventil und eine Spritzpistole. Der Lack wird dabei durch die Druckluft, die durch die Düse der Spritzpistole mit austritt, zerstäubt.

Beim Airlessverfahren wird Lack durch eine elektrisch betriebene Pumpe stark verdichtet und unter Druck gesetzt. Dadurch wird der Lack durch die Düse in feinste Tropfen zerstäubt. Für umfangreiche Lackierarbeiten wie in Gewerbebetrieben werden Pumpen in verschiedenen Größen angeboten, die direkt in ein 5-kg-Lackgebinde gestellt werden. Für kleinere Arbeiten gibt es Airlesspistolen, bei denen eine Pumpe unmittelbar an der Pistole angebracht ist. Diese Geräte arbeiten nach dem System der Saugbecherpistolen und eignen sich besonders für Hobbydrechsler. Die Saugbecher unterhalb der Pistole werden zum Nachfüllen einfach abgeschraubt. Durch einen Filter und über ein Steigrohr wird Lack angesaugt, durch eine Pumpe verdichtet und durch eine Düse zerstäubt. Man benötigt lediglich einen Stromanschluß. Beim Kauf einer solchen Airlesspistole achtet man darauf, daß die Pumpe leicht gereinigt und ausgebaut werden kann. Der Druck sollte stufenlos regulierbar sein, und das Gerät muß das VDE-Prüfzeichen für technische Sicherheit tragen.

Ein weiteres Verfahren ist das elektrostatische Spritzen, bei dem die Lackteilchen elektrisch aufgeladen und vom Gegenpol, dem Werkstück, angezogen werden. Bei großen Mengen Lack wird dabei viel Material gespart, und selbst stark profilierte Teile werden mit einer gleichmäßigen Lackschicht überzogen. Auf Grund des hohen Anschaffungspreises lohnt sich der Kauf einer elektrostatischen Spritzpistole samt Zubehör nur für hohe Stückzahlen in Gewerbebetrieben.

Die Arbeitsweise des Spritzens

Um gedrehte Werkstücke zu spritzen, wird die Düse der Spritzpistole auf Rundstrahl eingestellt. Je nach Viskosität des Lackes, also je nachdem, wie dick- oder dünnflüssig ein Lack ist, wird der Spritzdruck reguliert. In der Regel arbeitet man mit einem Druck von 2 bis 3 bar. Je dünner ein Lack ist, desto weniger Druck braucht man zum Spritzen. Die Viskosität eines Lackes ist auf den Gebinden

236 Airlesspistole

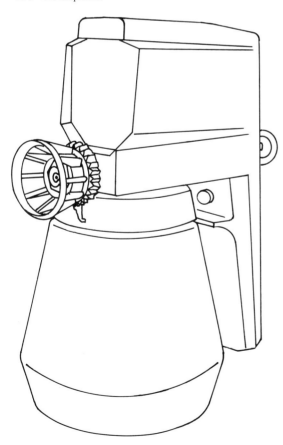

oder in den technischen Verarbeitungshinweisen auf Beiblättern angegeben. Farbiger Lack wird dicker verarbeitet als farbloser Lack, man stellt daher einen höheren Druck ein und reguliert die Düsenöffnung. Für farbige und dicke Lacke wählt man einen Durchmesser der Düsenöffnung von 2 mm, für farblose und dünne Lacke genügt ein Durchmesser von 1,5 mm.

Während des Spritzens hält man einen Abstand von etwa 20 cm vom Werkstück ein. Hält man die Pistole zu weit weg, bildet sich ein unnötiger Farbnebel, der sich rauh auf den noch nassen Lackfilm legt. Kommt man dem Werkstück zu nahe, wird die Lackschicht ungleichmäßig, und jene Stellen, an denen die Schicht zu dick ist, sind später als glänzende Flecke sichtbar. Vor allem besteht die Gefahr, daß der Lack Nasen bildet. Bei großflächigen Werkstücken ähnelt die Oberfläche nach zu dickem Lackauftrag einer Apfelsinenschale. Wenn man zuwenig Lack aufträgt, zieht er in die Holzoberfläche ein und ergibt keinen durchgehenden Lackfilm.

Runde Drehteile werden normalerweise von allen Seiten gespritzt. Dafür behilft man sich mit selbstgebauten Vorrichtungen; so kann man Rundstäbe drehbar aufhängen, Werkstücke aus Querholz wie Dosen oder Teller stellt man auf ein Drehkreuz.

Am einfachsten sind liegende Flächen zu spritzen, da sich hierbei selbst bei zu dickem Lackauftrag keine Nasen bilden können.

Besonders schwierig wird es bei stark profilierten Langholzstäben: Man beginnt bereits wenige Zentimeter vor dem Langholzstab zu spritzen, und spritzt mit gleichem Abstand zum Werkstück zügig eine Bahn etwas über den Stab hinaus. Erst dann wendet man die Pistole, um eine zu dicke Lackschicht an beiden Enden zu vermeiden. Dabei hält man die Pistole immer leicht nach unten geneigt, damit sich der überschüssige Lacknebel nach unten hin absetzt. Da die einzelnen Lackschichten beim Spritzen recht dünn sind, ist in der Regel ein zweiter oder dritter Lackauftrag notwendig. Die Trockenzeiten zwischen den einzelnen Spritzvorgängen sind auf den Lackgebinden angegeben und sollten unbedingt eingehalten werden. Wenn man nicht lange genug wartet, bis die erste Lackschicht getrocknet ist, kann die zweite Schicht die erste auflösen.

Die Beizen

Bei den Oberflächenmaterialien unterscheidet man grob nach Beizen und Lacken.

Beizen bewirken eine Farbveränderung des natürlichen Holztones und heben die Maserung hervor;

durch Beizen wird die ursprüngliche Farbe des Holzes immer dunkler. Die Holzstruktur wird betont, da der Kontrast zwischen Früh- und Spätholz durch das Beizen stärker hervortritt. Im Drechslerhandwerk beizt man normalhin nur dann, wenn Reparaturarbeiten ausgeführt werden, bei denen ein neu gedrehtes Werkstück den gleichen Farbton erhalten soll wie die vorhandenen Teile. Oder neuangefertigte Drehteile sollen in der Farbe einem Raum angepaßt werden.

Bei den meisten Werkstücken ist man bemüht, das Holzstück so auszuwählen, daß die natürliche Fladerung der Holzstruktur zur Geltung kommt und daher eine Beize eher stören würde. Bei den Beizen unterscheidet man Wasserbeizen und Lösungsmittel oder Lackbeizen. Beide gehören zur Gruppe der Farbstoffbeizen, da bei beiden Farbstoffe in einem Lösungsmittel – Wasser beziehungsweise Lack – gelöst sind. Durch Wasserbeizen wird die Oberfläche eines Werkstückes stärker aufgerauht als durch Lackbeizen. Deshalb müssen die Oberflächen nach dem Trocknen des ersten Auftrags nochmals geschliffen werden.

Die dunkleren Zonen eines Holzes, das härtere Spätholz, nimmt weniger Beize auf als das helle Frühholz, das besonders saugfähig ist. Daher werden im Frühholz mehr Farbpigmente abgelagert, so daß es nach dem Beizen dunkler wird als das Spätholz. Diese Umkehrung des Holzbildes bezeichnet man als negatives Beizbild. Will man die Umkehrung vermeiden, wählt man Nadelholzbeizen, bei denen helles und dunkles Holz seine ursprüngliche Farbe behält. Ob man eine Beize mit negativem oder positivem Beizbild vorzieht, hängt immer vom jeweiligen Werkstück und seiner Verwendung ab.

Bei Reparaturarbeiten sollte man zuerst ein Stückchen Holz zur Probe beizen, um zu prüfen, ob man den richtigen Farbton gewählt hat. Der endgültige Farbton kommt erst durch den anschließenden Lackauftrag voll zur Geltung, auch die Beschaffenheit des Holzes, der Holzschliff und die individuelle Arbeitsweise können einen Einfluß auf den Farbton haben. Deshalb ist eine Probe unerläßlich.

Je nach Werkstück kann man die Beize mit einem Lappen, einem Pinsel oder einer Spritzpistole auftragen. Oft ist es sinnvoll, ein Werkstück mit einem zu einem Ballen geformten Lappen zu beizen, der mit Beize getränkt ist, solange es noch in der Drehbank eingespannt ist.

Wachs- oder Glanzbeizen sowie Möbelwachse sind für gedrehte Teile wenig geeignet: Bei profilierten Langhölzern setzt sich Wachs an den Profilkanten stärker ab als an den übrigen Stellen, und bei einem rotierenden Werkstück dringt Wachs nicht genügend in die Poren des Holzes ein, so daß kein fest haftender Verbund mit dem Holz zustande kommt. Ebenso ungeeignet sind Lasuren, die witterungsbeständig sind. Lasuren sind Lacke, die mit Farbpigmenten angereichert sind, die die Holzstruktur überdecken; überdies haben Lasuren lange Trockenzeiten, und lasierte Oberflächen weisen eine geringere Oberflächengüte auf.

Die Lacke

Bei den Lacken haben sich Nitrocelluloselacke im Bereich des Drechselns durchgesetzt. Vereinzelt kommen auch Desmodur-/Desmophen-Lacke, sogenannte DD-Lacke, sowie säurehärtende Lacke, abgekürzt SH-Lacke, zum Einsatz.

Da Lacke in einem bestimmten Gemisch aus Luft und Gas hochexplosiv sind, gibt es neuerdings Wasserlacke mit Wasser als Lösungsmittel, die in dieser Hinsicht ungefährlich sind. Wasserlacke haben eine kurze Trockenzeit und sind als Einschichtlacke konzipiert, das heißt die Grundierung wird mit demselben Lack aufgetragen wie die Decklackschicht. Wenn man Wasserlack verwendet, darf vorher keine Wasserbeize aufgetragen werden, da der Wasserlack die Beize anlöst und dadurch die Farbpigmente verändert.

Nitrocelluloselack, kurz NC-Lack oder Nitrolack genannt, besteht zu einem hohen Prozentsatz aus Lösungsmittel. Nur etwa ein Viertel der Gesamtmasse besteht aus Feststoffen, die den trockenen Lackfilm bilden. Die Nachteile des Nitrolackes sind, daß der trockene Lackfilm nicht sehr widerstandsfähig ist und daß der hohe Anteil von Lösungsmitteln, die beim Trocknen verdunsten, eine gründliche Belüftung des Lackierraumes erforderlich machen; das gilt insbesondere, wenn Nitrolack in größeren Mengen mit einer Spritzpistole verarbeitet wird. Weitere Hinweise zur Verarbeitung geben die Hersteller auf den Gebinden. Wenn Werkstücke später keiner starken mechanischen Beanspruchung ausgesetzt werden sollen, empfiehlt sich Nitrolack, da er schnell trocknet. Nitrolack ist als Einschichtlack oder als Grund- und Decklack erhältlich. Der Vorteil des Grund- und Decklacks ist, daß der Grundlack sich nach dem Trocknen gut schleifen läßt und daß erst der Decklack der Oberfläche das endgültige Aussehen gibt. DD-Lacke sind Lacke mit zwei Komponenten, die erst kurz vor der Verarbeitung miteinander gemischt werden. Dieses Lackgemisch ist nur während einer begrenzten Zeit verwendbar, und alle Arbeitsgeräte müssen innerhalb dieses Zeitraumes gereinigt werden. DD-Lack ist hygroskopisch, das heißt er bindet Wasser, wenn im Arbeitsraum zum Beispiel hohe Luftfeuchtigkeit besteht; deshalb sollte man gegebenenfalls heizen.

Besonders geeignet ist DD-Lack für dunklere Hölzer, da der trockene Lackfilm bei hellen Hölzern zum Vergilben neigt. Ebenso verwendet man ihn für solche Hölzer, so zum Beispiel Palisander, deren Holzinhaltsstoffe mit anderen Lacken chemisch reagieren.

Für helle Hölzer verwendet man SH-Lack, den es im Fachhandel auch als Einkomponentenlack gibt. Das umständliche Mischen von Härter und Lackanteilen entfällt dadurch, und der Lack aus den Gebinden kann sofort verarbeitet werden. Dieser Einkomponenten-SH-Lack hat die Vorteile, daß die damit lackierten Oberflächen qualitativ einwandfrei sind und daß er unkompliziert zu verarbeiten ist.

Die Arbeitsfolge beim Beizen und Lackieren

Neben der Auswahl des richtigen Lackes und des geeigneten Verfahrens muß auch eine bestimmte Reihenfolge der einzelnen Arbeitsschritte eingehalten werden, um das gewünschte Ergebnis zu erzielen. Die folgende Übersicht über diese Reihenfolge kann nur einen groben Eindruck geben. Einzelheiten wie zum Beispiel die Trockenzeiten zwischen den Arbeitsschritten hängen vom jeweiligen Material und dessen Verarbeitungshinweisen ab. Die Grundvoraussetzung für eine einwandfreie Lackierung ist jedoch immer, daß der Rohling sauber gedreht und vor der Lackierung mit 120er bis 160er Schleifpapier geschliffen wurde.

Beizen

1. Die Oberfläche des Werkstückes wird mit einer weichen Bürste von Staub befreit
2. Mit einem feuchten Schwamm wird das Werkstück »gewässert«, da besonders bei Weichhölzern einzelne Fasern beim Vorschleifen nicht abgeschnitten werden. Durch das Wässern richten sie sich auf und können nach dem Trocknen erneut abgeschliffen werden
3. Das Werkstück trocknet bei Raumtemperatur
4. Mit einem Schleifpapier (150er oder 160er Körnung) wird unter mäßigem Druck geschliffen. Anschließend wird der Schleifstaub entfernt
5. Beize wird mit einem Schwamm oder einem Pinsel aufgetragen. Die Hirnholzstellen in den

Profilen werden vor dem Beizen mit einem Lösungsmittel oder einer Wasser-Kochsalz-Lösung benetzt, um zu verhindern, daß die Beize an diesen Stellen tiefer eindringt und damit dunkler ausfällt. Die Beize wird auf die noch feuchten Hirnholzteile aufgebracht

6. Mit einem Schwamm, einem Pinsel oder am besten mit einem zum Ballen geformten Leinenlappen wird die überschüssige Beize nach einer kurzen Einwirkzeit abgetupft, damit ein einheitlicher Farbton entsteht
7. Bei Raumtemperatur trocknet die gebeizte Fläche.

Wenn man statt Wasserbeize Lackbeize verwendet, bleibt die Abfolge der einzelnen Arbeitsschritte unverändert. Lediglich die Wasser-Kochsalz-Lösung zur Vorbehandlung des Hirnholzes wird durch ein Lösungsmittel ersetzt. Ein gewöhnlicher Schwamm kann dadurch zersetzt werden, deshalb benutzt man einen speziellen Beizschwamm.

Lackieren

1. Das Werkstück wird wie beim Beizen unter Punkt 1) bis 4) behandelt
2. Man trägt die Grundierung auf. Bei kleinen Werkstücken kann man das mit einem geballten Leinenlappen bei langsam laufender Spindel auf der Drehbank tun. Bei größeren Werkstücken spritzt man den Lack, Werkstücke ohne Profilierung werden getaucht, und Möbelknöpfe und ähnliches werden nach dem Schleuderverfahren grundiert
3. Man läßt die Grundierung je nach Herstellerangaben trocknen
4. Mit einem feinen, 200er Schleifpapier wird trocken, also ohne Wasser, nachgeschliffen
5. Der Schleifstaub wird wiederum mit einem Leinenballen oder einer weichen Bürste entfernt
6. Mit denselben Verfahren, die für das Grundieren gelten, wird der Decklack aufgetragen
7. Das Werkstück läßt man entsprechend den Herstellerangaben trocknen.

Wenn man mit einem Einschichtlack arbeitet, benützt man für den zweiten und den sechsten beschriebenen Arbeitsschritt denselben Lack.

Das Grundieren dient dazu, die Holzoberfläche zu glätten und eine vorbereitende Verbundschicht für den Decklack zu schaffen. Weitere Besonderheiten bei der Verarbeitung bestimmter Lacke sind den Herstellerangaben zu entnehmen.

Zum Schleifen grundierter Oberflächen eignen sich auch spezielle Faservliese, die den Vorteil haben, daß sie sich den Profilkonturen besser anpassen und daß die Poren des Vlieses nicht verstopfen. Darüber hinaus verwendet man Faservliese zum Glätten gebeizter Flächen und zum letztmaligen Schleifen vor dem Grundieren.

Sollen die Werkstücke in der Drehbank lackiert werden, nimmt man einen Leinenlappen, formt ihn zu einem Ballen und trägt mit ihm den Lack auf das rotierende Werkstück auf. Dabei läßt man die Spindel ganz langsam laufen. Für dieses Verfahren eignet sich NC-Lack, man sollte es aber nur bei kleinen Werkstücken anwenden, für die die bisher beschriebenen Verfahren zu aufwendig wären.

Polieren

Hochglänzende und geschlossenporige Oberflächen stellt man nach wie vor im Handpolierverfahren auf der Drehbank her. Besonders feinporige Hölzer wie Ahorn, Birnbaum, Kirschbaum oder Pflaumenholz eignen sich gut zum Polieren.

Man nimmt wieder einen Leinenlappen, ballt ihn zusammen und tränkt ihn mit einer Politur, um das Werkstück bei langsam laufender Spindel zu benetzen. Nach dem ersten Arbeitsgang (erstes Auftragen der Politur) darf der Lappen nicht zu naß sein. Beim zweiten, dritten usw. kann dann die aufgetragene Schicht durch Anlösen wieder aufreißen.

Vor dem Polieren muß ein Werkstück wieder gut geschliffen und entstaubt worden sein. Zuerst trägt man einen Grundlack auf, man schleift ihn und beginnt dann mit dem dreistufigen Auftragen der Politur: Nach dem Grundpolieren folgt das Deckpolieren und schließlich das Auspolieren. Die Polituren der verschiedenen Hersteller tragen wieder besondere Verarbeitungshinweise, doch stets wird mit Polituröl gearbeitet, das Ungeübten einige Schwierigkeiten bereitet: Trägt man zuviel Polituröl auf, wird das überschüssige Öl später »ausgeschwitzt«, und die Oberfläche wird matt. Trägt man zuwenig Öl auf, verklebt die Politur mit dem Leinenballen, und dadurch wird die Oberfläche des rotierenden Werkstückes wieder aufgerissen. Die richtige Menge an Polituröl findet man nur durch Probieren heraus.

Der eigentliche Kniff aber liegt in der Reibungswärme. Das laufende Drehteil muß in der Hand warm, ja sogar heiß werden. Schon nach 1–2 Minuten bildet sich eine geschlossene Fläche mit einem satten Hochglanz. Der Drechsler sagt, die Politur wird aufgebrannt.

Der Bau eines Teewagens

Materialliste für Teewagen, alle Maße in mm.

2 Böden, 580 × 26, in der Breite zu verleimen
4 Füße 45 × 45 × 200
4 Mittelsäulchen 45 × 45 × 460
4 Knöpfe 45 × 45 × 150
12 kurze Sprossen 22 × 22 × 90
9 lange Sprossen 26 × 26 × 150
1 Brettstück 22 stark für Geländersegmente

237 *Verleimen der Böden*

238 *Zugeschnittene Kanteln mit der Holzliste und der Zeichnung vergleichen*

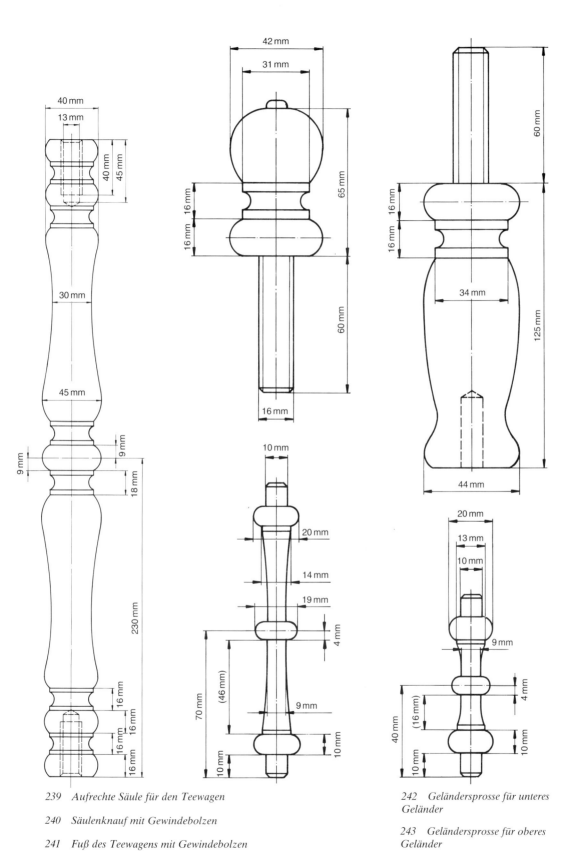

239   Aufrechte Säule für den Teewagen

240   Säulenknauf mit Gewindebolzen

241   Fuß des Teewagens mit Gewindebolzen

242   Geländersprosse für unteres Geländer

243   Geländersprosse für oberes Geländer

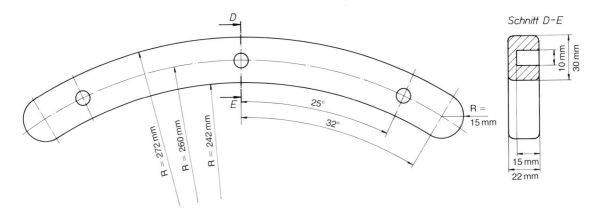

Schnitt D-E

Schnitt A-C

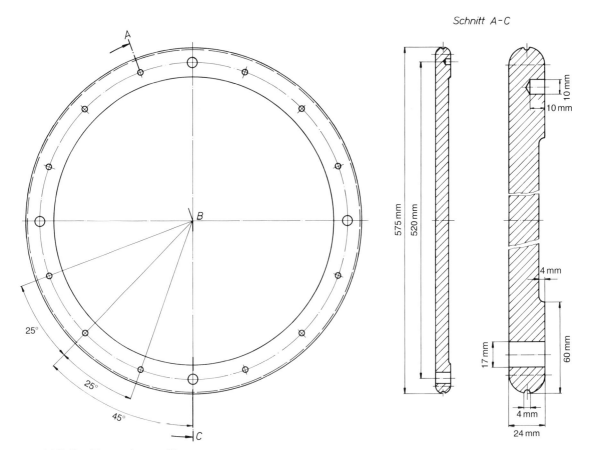

244/245   Obere und untere Platte

246 Eine Kantel wird zum Ausschrubben in die Drehbank gespannt

247 Ausschrubben der Kantel

248 Alle Kanteln ausschrubben. Die kurzen Kantelstücke
für die Knöpfe mit angedrehtem Spund passen für das
Hohl- bzw. Spundfutter

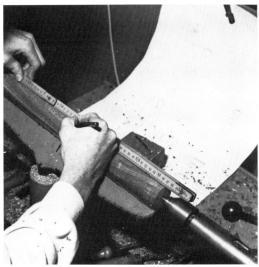

249 Längenmaße für die Profile anzeichnen

250 Angezeichnete Profile bei laufender Maschine mit Bleistift sichtbar markieren

251 Profile mit der Spitze des Meißels einkerben

254 Die vier Knöpfe werden im Spundfutter gedreht.

255 An der Stirnseite bekommen die Knöpfe so keine Einspannarbe.

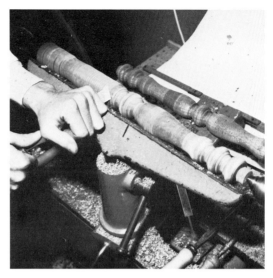

252 Das Drehen der Profile geschieht weitgehendst nach Augenmaß aber doch nach der gut sichtbar angehefteten Zeichnung.
Langholz, wie diese Säulchen dreht man an konvexen, also den nach außen gewölbten Teilen immer mit dem Meißel. Lediglich für die hohlen Partien kann die Röhre genommen werden.

253 Das zweite Säulchen ist einfacher zu drehen, da man ein Muster hat.

256 Das Schleifen der Drehteile

257 Auch in den Profilen muß sorgfältig geschliffen werden.

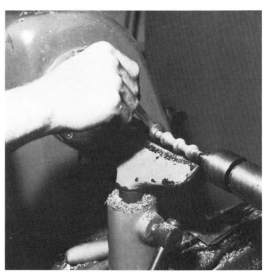

258   Beim Bohren hält die eine Hand das Drehteil, während die andere Hand den Vorschub mit der Schiebepinole tätigt.

259   Die Zapfen bei den kleinen Geländersprossen mißt man am sichersten mit einem Schraubenschlüssel.

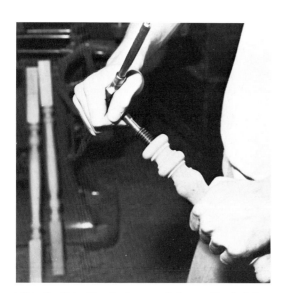

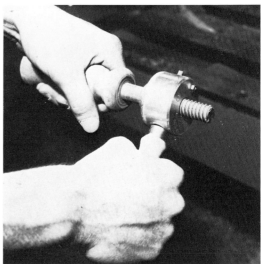

262   Das Schneiden des Innengewindes von Hand mit dem im Windeisen eingespannten Gewindebohrer- oder Bolzen. Man kann einen Tropfen Öl dazu nehmen.

263   Das Schneiden der Außengewinde mit der Kluppe. Hier braucht man kein Öl.

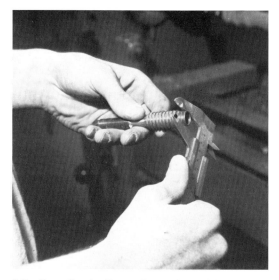

260 Feststellen des Kernmaßes am Gewindebohrer

261 Bohren des Säulchens auf der Drehbank passend zum Gewindekernmaß

264 Drehen des Bodens an der Kopfdrehvorrichtung. Manche Drehbänke haben an der Stirnseite unter dem Handrad noch ein zweites Spindelgewinde. Auf dem ge- kröpften Gußarm, der eigentlichen Kopfdrehvorrichtung, kann wie auf ein Drehbankbett die Handauflage gesetzt werden. Da man beim Arbeiten nun hinter der Maschine steht, läuft diese rückwärts. Der Bremsschalter ist doppel- seitig und liegt somit im Griffbereich. So lassen sich Schei- ben, Räder oder Rosetten bis etwas über einen Meter Durchmesser drehen.

265 Schleifen des Bodenteiles

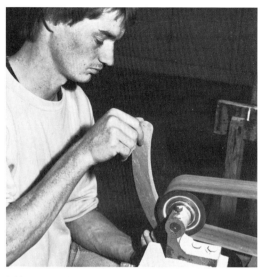

266 Die an der Bandsäge ausgeschnittenen Geländersegmente müssen sorgfältig geschliffen werden.

267 Bucklige Stellen am Geländersegment würden beim
Fräsen mit dem Anlaufring wiedergegeben werden.

270 Bohren der Geländersegmente

271 Um beim Beizen und Lackieren nicht all zu viele
Einzelteile zu haben, sind die Geländerchen mit den klei-
nen Sprossen schon eingeleimt worden.
Gebeizt wird mit einer Lösungsmittelbeize, die in kleinen
Partien aufgetragen und sogleich wieder abgewischt werden
muß.

268 Ausschneiden einer Bohrschablone aus Pappe. Mit Hilfe der Schablone kann man alle Bohrungen, die genau übereinander sitzen müssen, exakt anzeichnen.

269 Bohren des Bodens. Der umlaufende Bleistiftstrich wird nach dem Bohren wieder weggeschliffen.

272 Durch die Lösungsmittelbeize rauht das Holz nicht auf, wie es bei der Wasserbeize der Fall ist. Dadurch entfällt das sonst übliche Wässern und abermaliges Schleifen.

273 Kleinere Teile werden zum Spritzen auf Nadelleisten gespickt, um sie problemlos fassen zu können.

Nach dem Beizen wird »Grund« gespritzt. Es ist ein farbloser Nitrolack. Dann wird, falls nötig, noch einmal leicht von Hand geschliffen.

Meist schwitzt die Lösungsmittelbeize in den groben Poren aus, sie treibt mitunter dunkle Flecken. Dann spritzt man nach dem »Grund« hauchdünn von der Beizlösung noch einmal alles über.

Nach kurzem Trocknen kann dann der »Überzug« gespritzt werden. Es ist der gleiche Nitrolack, den man auch beim »Grund« genommen hat.

274 Alle zum Zusammenbau fertigen Teile

275 Der fertige Teewagen

Übersicht der Arbeitsabläufe

Die Abfolge der einzelnen Arbeitsschritte sowie die Auswahl der Werkzeuge werden in der folgenden Übersicht der Arbeitsschritte mit einigen Hinweisen kurz zusammengefaßt, und zwar an den Beispielen eines Treppenstabes und eines Kerzenständers für das Langholzdrehen, am Beispiel eines Möbelknopfes für das Fliegenddrehen und anhand eines Untersetzers für das Querholzdrehen. Die Arbeitsabläufe lassen sich auf andere Werkstücke übertragen und erleichtern die praktische Arbeit.

Das Langholzdrehen

Der Treppenstab
Holzart: nach Wahl;
Zuschnittmaße der Kantel: 1000 × 60 × 60 mm;
Endmaße: siehe Zeichnung
Drehwerkzeuge: Schrubbröhre, kleiner Meißel, mittlere und kleine Röhre
Spannwerkzeuge: Dreizack, Mitnehmer
Meßwerkzeuge: Zollstock, Taster, Zirkel

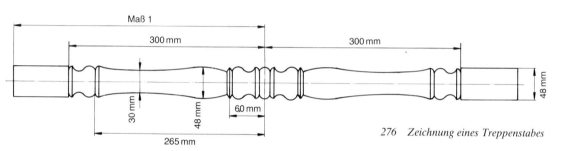

276   Zeichnung eines Treppenstabes

Arbeitsvorgang	Werkzeug	Erläuterung
1. Mitte an Stirnseiten der Kantel anreißen	Zollstock, Bleistift	Diagonalen einzeichnen, Schnittpunkt ist Kantelmitte
2. Dreizack und Mitnehmer in Spindel und Pinole einsetzen	Dreizack, Mitnehmer	Dreizack und Mitnehmer mit Lappen am Konus säubern, ebenso Hohlspindel, den Konus der beiden Werkzeuge für besseres Auswechseln der Spannwerkzeuge leicht ölen
3. Drehzahl durch Einschalten überprüfen (Werkstück ist nicht eingespannt!), gegebenenfalls einstellen		Drehzahl maximal 1100 U/min
4. Reitstock entsprechend der Länge des Werkstückes einstellen		
5. Kantel einspannen	Hammer (500–600 g)	Zuerst eine Seite in den Dreizack mittig eindrücken, mit Hammerschlägen auf Dreizack befestigen. Andere Stirnseite mit der Pinole mittig auf Mitnehmerspitze eindrücken und Pinole festspannen
6. Handauflage vor das Werkstück setzen		Wichtig ist die richtige Entfernung des Handauflagenoberteils vom Werkstück, höchstens 1 cm Abstand. Richtige Höhe wichtig für günstigen Schnittwinkel der Röhre

Arbeitsvorgang	Werkzeug	Erläuterung
7. Kontrollieren, ob Kantel auf Handauflage aufschlägt		Drehen der Kantel von Hand am Handrad der Drehbankspindel
8. Werkzeuge schärfen, falls nötig	Schrubbröhre, mittlere und kleine Röhre, kleiner Meißel	Werkzeuge am Schleifbock schleifen und von Hand mit den Abziehsteinen abziehen
9. Kantel ausschrubben	Schrubbröhre	Beim Drehen der Kantel kann festgestellt werden, ob sie wirklich mittig sitzt. Sind die Kanten ungleichmäßig abgedreht, wird die Kantel in Richtung der geringer abgedrehten Seite umgespannt
10. Werkstück auf den größten Durchmesser des Profiles abdrehen	mittlere Röhre, Taster	Runddrehen und dabei am laufenden Werkstück Durchmesser mit Taster prüfen
11. Drehzahl erhöhen		2200 U/min
12. Mitte des Werkstücks anreißen und die Maße der Profilabstände einzeichnen	Zollstock, Bleistift	Je nach Form Profilabstände einzeichnen; nicht immer kann man von der Mitte ausgehen, daher ist immer eine Bezugskante festzulegen, von der aus die Maße der Profilabstände abgenommen und auf das Werkstück übertragen werden
13. Die aufgezeichneten Markierungen des Profils, soweit sie nicht erhabene Profilteile sind, mit der Meißelspitze einstechen	kleiner Meißel	Auf Tiefe beim Einstechen achten: nur so tief einstechen, wie der Profileinschnitt werden soll. Gegebenenfalls freistechen, damit der Meißel nicht am Holz brennt
14. Profil von der Stabmitte nach außen drehen	mittlere Röhre, kleine Röhre, kleiner Meißel	Vordrehen der Formen mit mittlerer Röhre; immer von den erhabenen Teilen beginnend zu den tieferen Teilen des Profils. Erhabene Profilteile mit Bleistift markieren und Markierungen stehenlassen. Falls nötig mit Meißel Profilabstände tiefer nachdrehen. Nie zuviel Span auf einmal abdrehen! Konvexe Formen mit Meißel sauberdrehen. Kleine, enge Formen mit kleinem, langgezogene Formen mit breitem Meißel
15. Prüfen der Profildurchmesser	Taster	Zwischendurch immer wieder mit Taster Durchmesser prüfen
16. Schleifen des Profils	Schleifpapier 80/100/120	Vorschleifen mit 80er Schleifpapier, danach Schleifspuren mit 100er Papier verschleifen und schließlich mit 120er glätten. Wichtig: Profile werden gedreht, nicht geschliffen. Ebenso darauf achten, daß Profile nicht verschliffen werden!
17. Ausspannen des Werkstücks		Pinolenspanner lösen und Pinole zurückdrehen; Werkstück dabei mit der linken Hand festhalten
18. Säubern des Arbeitsplatzes		

Der Kerzenständer
Holzart: nach Wahl;
Zuschnittmaße der Kantel: $195 \times 75 \times 75$ mm;
Endmaße: siehe Zeichnung

Drehwerkzeuge: Schrubbröhre, breiter Meißel, kleine Röhre;
Spannwerkzeuge: Dreizack, Mitnehmer
Meßwerkzeuge: Taster und Zirkel

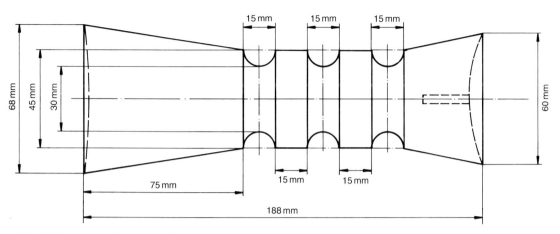

277   *Zeichnung eines Kerzenständers*

Arbeitsvorgang	Werkzeug	Erläuterung
1. An Stirnseiten Mitte anreißen	Zollstock, Bleistift	wie Punkt 1. bei Treppenstab
2. Spannwerkzeuge in Drehbank spannen und Reitstock nach Kantellänge festspannen.		wie Punkt 2. bei Treppenstab
3. Drehzahl einstellen		1100 U/min
4. Kantel einspannen		wie Punkt 5. bei Treppenstab
5. Handauflage einstellen		Prüfen, ob Kantel auf Handauflage nicht aufschlägt
6. Kantel ausschrubben	Schrubbröhre	Zylindrisch drehen, nicht dünner drehen als der größte Werkstückdurchmesser
7. Durchmesser prüfen	Taster	
8. Fuß und Oberteil anreißen	Zirkel	Maß von Zeichnung in den Zirkel nehmen und von der Maßbezugskante übertragen
9. An beiden Markierungen einstechen	kleiner Meißel	
10. Mittleren Profilteil auf Maß drehen	mittlere Röhre, Taster	
11. Nachdrehen der Markierungen von Punkt 9. und Fuß- und Kopfbereich drehen	kleiner Meißel, großer Meißel	Mit kleinem Meißel Markierung nachstechen, Boden und obere Fläche werden nach innen etwas hohl gedreht (siehe Zeichnung). Mit breitem Meißel werden Ober- und Unterteil geschlichtet, stets vom großen zum kleinen Durchmesser hin drehen
12. Profilmaße der Kehle übertragen	Zirkel	Bei laufendem Werkstück werden Profilmaße übertragen

Arbeitsvorgang	Werkzeug	Erläuterung
13. Ausdrehen der Kehlen	kleiner Meißel, kleine Röhre	Zuerst an Markierungen mit Spitze des Meißel einstechen; an diesen Kanten kann der Röhrenrücken angelegt werden. Mit der kleinen Röhre von links und rechts abwechselnd zur Mitte hin die Kehle ausdrehen
14. Durchmesser der Kehlen prüfen	Taster	Durchmesser der ersten Kehle wird auf dem Taster festgestellt, danach werden die anderen Kehlen gemessen
15. Schleifen des Werkstückes	Schleifpapier 100/120	wie Punkt 16. bei Treppenstab
16. Ausspannen		wie Punkt 17. bei Treppenstab
17. Spannreste mit dem Meißel von Hand entfernen		

Der Kerzenständer kann oben mit einem Messingrohling, wie sie für Emaillearbeiten verwendet werden, abgedeckt werden.

Mittig wird ein Dorn für die Kerze eingebohrt. Zum Schluß wird der Kerzenständer dann noch oberflächenbehandelt.

Das Fliegenddrehen

Der Möbelknopf

Holzart: nach Wahl;
Zuschnittmaße der Kantel: $250 \times 50 \times 50$ mm;
Endmaße: siehe Zeichnung
Drehwerkzeuge: Schrubbröhre, kleiner Meißel, kleine Röhre;
Spannwerkzeuge: Dreizack, Mitnehmer, Spundfutter
Meßwerkzeuge: Taster, Zirkel

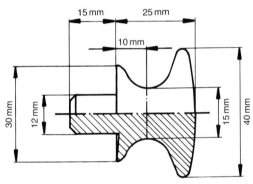

278　Zeichnung eines Möbelknopfes

Arbeitsvorgang	Werkzeug	Erläuterung
1. An Stirnseiten Mitte anreißen	Zollstock, Bleistift	Diagonalen einzeichnen, Schnittpunkt ist Mitte der Kantel
2. Dreizack und Mitnehmer in Spindel und Pinole einspannen		wie Punkt 2. bei Treppenstab
3. Drehzahl durch Einschalten überprüfen, ohne daß das Werkstück eingespannt ist		wie Punkt 3. bei Treppenstab
4. Reitstock auf Werkstücklänge einstellen		
5. Kantel einspannen		wie Punkt 5. bei Treppenstab
6. Handauflage vor Werkstück setzen		wie Punkt 6. bei Treppenstab
7. Kontrollieren, ob Kantel nicht auf Handauflage aufschlägt		wie Punkt 7. bei Treppenstab
8. Kantel ausschrubben	Schrubbröhre	wie Punkt 9. bei Treppenstab

Arbeitsvorgang	Werkzeug	Erläuterung
9. An einer Seite einen Konus andrehen	Schrubbröhre	Der Konus muß in den Innenkonus des entsprechenden Spundfutters passen
10. Handauflage wegnehmen		
11. Werkstück ausspannen		wie Punkt 17. bei Treppenstab
12. Reitstock am Ende der Drehbank feststellen und Mitnehmerspitze zur Sicherheit aus der Pinole entfernen		
13. Dreizack aus der Spindel nehmen und Spundfutter aufschrauben		
14. Einspannen des Werkstücks im Spundfutter	Hammer (500–600 g)	Der Konus des Werkstücks wird in den Innenkonus des Futters gesteckt und mit dem Hammer festgeschlagen. Durch Drehen am Handrad prüfen, ob das Werkstück mittig sitzt; nicht eingespanntes Ende eventuell justieren
15. Handauflage ausrichten		wie Punkt 6. bei Treppenstab
16. Leichte Unregelmäßigkeit ausdrehen und auf größten Durchmesser des Werkstücks abdrehen	Schrubbröhre, Taster	Mit den Richtschlägen kann ein Werkstück nicht immer ganz mittig ausgerichtet werden; die letzten Abweichungen werden deshalb abgedreht

279 Plandrehen der Hirnholzfläche mit Hilfe eines Meißels

Arbeitsvorgang	Werkzeug	Erläuterung
17. Planstechen des nicht eingespannten Werkstückendes	kleiner Meißel	
18. Die Maße des Profils und des Zapfens auf Werkstück übertragen	Zirkel	Bei laufendem Werkstück mit dem Zirkel auftragen
19. An den Markierungen mit dem Meißel einstechen	kleiner Meißel	Nur höchstens so tief einstechen, wie das Profil tief werden soll
20. Knopf wird mit dem Meißel etwas ballig in Form gedreht	kleiner Meißel	Meißel wird ebenso angesetzt wie beim Abstechen
21. Form des Knopfes wird ausgedreht und der Durchmesser kontrolliert	kleine Formröhre	wie Punkt 14. bei Treppenstab

Arbeitsvorgang	Werkzeug	Erläuterung
22. Der vorgedrehte Zapfen wird auf das genaue Maß geschlichtet	kleiner Meißel, Schraubenschlüssel	Die Auflagenfläche am Zapfen wird leicht hohl gedreht. Der Meißel wird wie beim Planstechen angesetzt
23. Schleifen des Profils	Schleifpapier 80/100/120	wie Punkt 15. bei Treppenstab
24. Abstechen des fertigen Knopfes	kleiner Meißel, Abstechstahl	Mit dem Meißel wird der Knopf abgestochen wie beim Einstechen. Damit der Meißel nicht am Holz reibt, muß erst freigestochen werden. Dabei ist am Zapfen eine kleine Fase anzudrehen, damit er besser in das Bohrloch paßt. Um Material zu sparen, kann auch mit dem Abstechstahl abgestochen werden
25. Planstechen der neuen Flächen und den nächsten Knopf drehen		ab Punkt 17. wieder beginnen
26. Ist das Holz abgedreht, kann es aus dem Spundfutter entfernt werden		

Die Knöpfe können nach Belieben oberflächenbehandelt werden. Diese Arbeit kann vor dem Abstechen auch auf der Drehbank von Hand erfolgen.

Fliegend gedreht werden können auch kleine Kugeln, Eierbecher, Kreisel und vieles andere mehr.

Das Querholzdrehen

Der Untersetzer

Holzart: nach Wahl;
Zuschnittmaß: 100 × 100 × 30 mm;
Endmaße: siehe Zeichnung
Drehwerkzeuge: Schrubbröhre, kleine Formröhre, kleiner Meißel, Flachschaber;
Spannwerkzeuge: Schraubenfutter, Dreibackenfutter;
Meßwerkzeuge: Zirkel

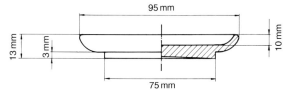

280 Zeichnung eines Untersetzers für Gläser

Das Werkstück ist auf der Bandsäge bereits in etwa rund ausgesägt. Mittig wird ein Loch für das Schraubenfutter gebohrt, das höchstens so tief sein darf, wie der Untersetzer innen werden soll.

Arbeitsvorgang	Werkzeug	Erläuterung
1. Reitstock am Ende der Drehbank feststellen und Mitnehmerspitze zur Sicherheit aus der Pinole entfernen		
2. Schraubenfutter auf Spindel aufschrauben		Achtung! Schraubenfutter nur von Hand aufschrauben und nicht durch Einschalten der Spindel auflaufen lassen!
3. Prüfen der Drehzahl und eventuell neu einstellen		900 bis 1100 U/min
4. Werkstück auf Schraubenfutter aufschrauben		Werkstück muß plan an den Holzscheiben des Schraubenfutters anliegen
5. Handauflage feststellen		Zunächst wie beim Langholzdrehen vor das Werkstück setzen
6. Prüfen, ob das Werkstück auf die Handauflage aufschlägt		Spindel wird durch Handrad gedreht

Arbeitsvorgang	Werkzeug	Erläuterung
7. Werkstück runddrehen	Schrubbröhre	Zuerst runddrehen, damit eventuelle Unwuchten weggedreht werden
8. Drehbank abschalten und Handauflage umsetzen		Handauflage wird nun parallel zur Fläche des Werkstücks ausgerichtet; als Auflagekante für das Werkzeug setzt man sie 1 bis 3 cm unter die Mitte des Werkstückes
9. Geradedrehen der Unterseite des Werkstücks	Röhre, Flachschaber	Diese Seite nach innen hohl drehen, damit der Untersetzer später fest auf dem Tisch steht. Danach mit dem Flachschaber glattdrehen
10. Spanndurchmesser am Dreibackenfutter festlegen und das Maß auf das Werkstück übertragen	Zirkel	Die Werkbank braucht unterdessen nicht abgestellt zu werden
11. An der Markierung mit dem Zirkel eine Anlegekante drehen	kleiner Meißel	Der Meißel wird flach auf die Handauflage gelegt und mit der Spitze die Anlegekante gedreht
12. Mit der Röhre äußere Form des Untersetzers drehen	kleine Röhre	Röhre an obiger Kante anlegen und nach außen die konvexe Form drehen
13. Handauflagenoberteil abnehmen		
14. Schleifen der Unterseite des Untersetzers	Schleifpapier 100/120/150	wie Punkt 16. bei Treppenstab
15. Werkstück ausspannen		
16. Spannwerkzeug wechseln		Schraubenfutter abschrauben und Dreibackenfutter auf Spindel aufschrauben
17. Werkstück aufspannen		An dem angedrehten Ring des Untersetzers wird das Werkstück in die Spannbacken gespannt. Vorsicht: Spannbacken nicht zu stark festdrehen, weil das Holz sonst gequetscht wird und kein fester Halt mehr gegeben ist
18. Handauflage feststellen		wie Punkt 8.
19. Vorderseite geradedrehen	mittlere Röhre	
20. Untersetzer vom Rand her nach innen ausdrehen	kleine Röhre	Mit einem kleinen Meißel kann man zuvor eine Kante zum Anlegen des Röhrenrückens andrehen (siehe auch Punkt 11)
21. Die Innenfläche wird mit dem Flachschaber geschlichtet	Flachschaber	Der Flachschaber, dessen Grat schneidet, wird am Heft etwas angehoben und dann gleichmäßig nach links und rechts bewegt
22. Der Rand des Untersetzers wird noch einmal mit der Röhre nachgedreht	kleine Röhre	Nur einen sehr feinen Span abdrehen
23. Das Handauflagenoberteil wird abgenommen		
24. Innenfläche und Kante schleifen	Schleifpapier 100/120/150	wie Punkt 16. bei Treppenstab
25. Ausspannen des Untersetzers		

Der Untersetzer braucht nur noch nach Belieben oberflächenbehandelt zu werden.

Der Zuschnitt

Das Problem vieler Drechslereien liegt weniger in dem maschinellen Drehen als im Zuschnitt, einem zeitaufwendigen Arbeitsvorgang, dem oft zu wenig Beachtung geschenkt wird: Doch ebenso rationell, wie die Werkstücke gedreht werden, müssen diese auch zugeschnitten werden. Dazu reichen eine Kreissäge und eine Bandsäge nicht mehr aus.

Bohlen oder Bretter wird man, statt von zwei Mitarbeitern auf der Bandsäge, besser auf einer Pen-

del- oder Zugsäge in Verbindung mit einem Hubtisch oder einem Vakuumheber von einem Mitarbeiter auf die ungefähre Werkstücklänge ablängen lassen. Fahrbare Maschinen dieser Art erhöhen die Flexibilität und erlauben das Ablängen auch auf dem Holzplatz.

Der Besäumschnitt erfolgt immer auf einer Kreissäge. Auch das mittige Trennen der Bretter und Bohlen bei besonders breiten Werkstücken wird auf der Kreissäge durchgeführt. Um den Holzverschnitt beim Besäumen möglichst gering zu halten,

281 *Ablängen auf dem Holzplatz*

283 *Wippsäge*

282 *Vielblattsäge*

284 *Ablängkarussell*

286 Schärfmaschine für span-
dickenbegrenzte RS-Kreis-
sägen. Die Schutzabdeckung ist
abgenommen.

kann man über der Kreissäge ein Lasergerät mon-
tieren, das eine rotleuchtende Linie vor das Sägeblatt projiziert und dadurch den Sägeschnitt auf
dem zu besäumenden Holz anzeigt.

Der Zuschnitt von Holzkanteln in großen Stückzahlen erfolgt rationell auf einer Vielblattsäge. Einfache Rollenbahnen, die schräg an der Säge angebracht sind, lassen das Werkstück zurückrollen und
gestatten somit eine Ein-Mann-Bedienung. Eine
einfachere Möglichkeit ist, die Kreissäge mit einem
Vorschubapparat zu bestücken.

Im nächsten Arbeitsgang müssen die Holzkanteln
auf Länge zugeschnitten werden. Dafür sollte immer eine zweite kleine Tischkreissäge zur Verfügung stehen, um zügig arbeiten zu können. Für
Kanteln bis ca. 50 cm Länge haben sich für den
Längenzuschnitt auch Wippsägen bewährt. Das

Holz wird dabei in eine bewegliche Wippe eingelegt. Die Wippe wird am Sägeblatt vorbeigeführt
und eine Kantel so auf genaue Länge zugeschnitten.
Ein doppelseitiges Anschlagsystem gestattet es,
auch die Kantelreststücke gefahrlos abzulängen.

Der Längenzuschnitt großer Stückzahlen erfolgt
am rationellsten in einem Ablängkarussell. Dabei
werden die Kanteln in dafür vorgesehene Halterun-
gen auf einen runden sich drehenden Tisch gesteckt. Das Nachfallen der Kanteln, der Auswurf
der zugeschnittenen Werkstücke und der Anschnitt
der Reststücke erfolgen automatisch. Diese Maschine kann neben anderen Arbeiten rasch mit
Holzkanteln beschickt werden.

Die Doppelablängsäge eignet sich zum Zuschnitt
längerer Drehteile (von 350 mm bis über 1000 mm
Länge), die in kurzer Zeit auf genaues Maß gesägt
werden können. Beide Sägeblätter haben einen
eigenen Antrieb: der linke steht fest, der rechte ist
auf zwei Schienen verschiebbar. Der Schiebetisch
kann der Schnittbreite dabei angepaßt werden.

Das Schärfen der Sägeblätter

Im Gewerbebetrieb sollte man Bandsägeblätter
und nicht Hartmetall-bestückte Kreissägeblätter
selbst schärfen.

Bei den rückschlagsicheren Blättern, kurze RS-
Blätter genannt, wird nur der Zahnrücken geschliffen. Kommt man beim Schleifen zur Zahnspitze
hin, schiebt sich der Support der Schärfmaschine
geringfügig zurück, so daß die Spandickenbegren-
zung des Sägeblattes gewährleistet bleibt. Da nur
der Zahnrücken geschliffen wird, verliert der Zahngrund an Tiefe. Nach längerem Gebrauch des Säge-

287 Schärfmaschine für Geradeschliff

288 Zum Schränken mit dem Wellenschränkapparat bringt man am Sägeblatt eine Markierung an. Danach wird der Schränkapparat, ohne das Blatt von der Säge zu nehmen, auf den Sägetisch gesetzt. Durch Drehen der Laufrollen des Sägeblattes an der Bandsäge wird das Blatt automatisch geschränkt. Erscheint die Markierung, ist das Blatt fertig.

blattes muß dieser deshalb neu ausgeschliffen werden. Dazu wird eine Schablone aus Pappe an dem noch neuen Blatt angefertigt, mit der später beim Nachschärfen der Zahngrund auf dem Blatt aufgezeichnet werden kann.

Hartmetall-bestückte Sägeblätter sollte man schärfen lassen, weil Maschinen zum Schärfen solcher Sägeblätter zu hohe Investitionskosten verursachen. Die Bandsäge wird in kleinen Betrieben am meisten für vorbereitende Arbeiten eingesetzt. Sogar bei schnellen, geraden Schnitten am Lineal ist sie der

289 Der gebräuchlichste Handapparat zum Schränken der Sägeblätter. Man kann ihn waagerecht und senkrecht handhaben.

Kreissäge überlegen, wenn die Bandsägeblätter richtig geschärft und geschränkt sind und richtig laufen.

Zunächst wird das Blatt auf einfachen Schärfmaschinen für Geradeschliff geschärft. Die dabei verwendeten Schleifscheiben sind etwa 3 mm breit und bakelitgebunden. Es ist bei jedem Schleifbeginn darauf zu achten, daß die Scheibe im Profil rund ist. Der Zahngrund muß immer rund ausgeschliffen werden, da ansonsten eine Rißbildung des Blattes vom Zahngrund heraus auftritt. Das Blatt läuft beim Schärfen immer zweimal durch die Schärfmaschine. Der erste Durchlauf gilt der Zahnbrust und dem Zahngrund. Beim zweiten Durchlauf wird lediglich der Zahnrücken abgezogen und zwar so, daß sich ein Schleifgrat an der Zahnspitze bildet. Dieser Grat ist das, was am Sägeblatt schneidet. Zwischen diesen beiden Durchläufen wird das Blatt geschränkt. Beim Schärfen ist darauf zu achten, daß der Zahn seine ursprüngliche Form behält und nicht flacher oder tiefer wird.

Breitere Bandsägeblätter schneiden nicht besser als schmälere Blätter; die günstigste Blattbreite für Bandsägeblätter beträgt 20 mm.

Neben dem richtigen Schärfen ist das richtige Schränken wichtig:

Zu wenig geschränkte Blätter verlaufen, zu weit geschränkte Blätter rattern. Schränken nennt man das wechselseitige Ausbiegen der Zähne nach links und rechts aus der Blattachse. Dabei sollte man die Zahnspitze nicht weiter als ein Drittel der Blattstärke nach jeder Seite schränken.

291 Messerköpfe für die Dübelfräsmaschine

Grundsätzlich gilt, je stärker ein Blatt geschränkt ist, desto unsauberer wird sein Schnitt. Bei trockenem Holz und Hartholz sollte man ein Blatt geringer schränken. Bei feuchtem und auch bei Weichholz ist es weiter zu schränken. Dabei wird nur das erste Drittel des Zahnes geschränkt. Schränkt man tiefer, besteht die Gefahr, daß die Blätter beim Gebrauch im Zahngrund einreißen.

Sägeblätter zum Schweifen, also schmale Blätter zum Schneiden enger Radien und kleiner Scheiben, sind so stark zu schränken, daß die Mitte der Schnittfuge noch von dem Zahn mit erfaßt wird. Bei dieser weiten Schränkung empfiehlt sich der Wellenschrank wie bei einem Metallhandsägeblatt.

Bekommt ein Blatt im Zahngrund einen Riß, hakt es beim Schneiden, und man spürt bei jeder Umdrehung einen Stoß. Im Leerlauf springt es dann auch leicht. In diesem Fall ist die Maschine sofort abzustellen und das Blatt auf Einrisse zu kontrollieren. Es kann ohne Schaden wieder geschweißt werden. Hat das Blatt aber einen Knick bekommen, der nicht mehr reparabel ist, kann es nur noch zum Brennholzschneiden verwendet werden. Beim

Kauf der Bandsägeblätter sollte man auf die gleiche Zahnform und Zahngröße achten, die Sägenschärfmaschine braucht dann nicht mehr umgestellt zu werden.

Maschinelle Herstellung von Rundstäben

Bei der Herstellung von Rundstäben in großen Stückzahlen reicht ein Handdübelfräser, wie im ersten Teil des Buches beschrieben, nicht mehr aus. Um große Mengen herzustellen, werden die Rundstäbe aus dem Holz gefräst. Die Dübelfräsmaschine arbeitet quer zur Holzfaser, die automatische Rundstabfräsmaschine ebenso. Die Stabfräse arbeitet längs zur Holzfaser.

Dübelfräsmaschinen eignen sich für nicht allzu große Mengen von Rundstäben mit einem Durchmesser zwischen 6 und 20 mm. Mit ihr lassen sich sowohl glatte als auch geriffelte Rundstäbe für Quelldübel herstellen. Kanteln, die 1 bis 2 mm stärker sind als der gewünschte Durchmesser des Rundstabes, werden in eine Halterung hineingeschoben, die sich auf die jeweilige Stärke eines Rundstabes einstellen läßt. Unmittelbar dahinter befindet sich unter einer Abdeckung der Fräskopf. Kanteln werden nun so weit hineingeschoben, bis die drei Vorschubrollen diese erfassen und automatisch weiterziehen. Die fertigen Rundstäbe fallen auf der anderen Seite heraus.

Für Durchmesser zwischen 6 und 15 mm verwendet man einen Messerkopf mit einem kronenartigen Fräser, wie er auf der Abb. 291 rechts zu sehen ist. Zwischen 16 und 20 mm Durchmesser arbeitet man mit einem Messerkopf mit zwei gegenüberliegenden Messern in halbrunder Form (Abb. 291 links).

292 Stabfräse

293 Die Fräser greifen übereinander (Stabfräse).

294 Gummirad an der Bandschleifmaschine

An der Ausgangsseite jedes Fräskopfes befinden sich drei Vorschubrollen, die durch ihre leichte Schräglage den Vorschub bewirken. Diese Rollen sind glatt für glatte Rundstäbe; geriffelte Rollen drücken eine spiralförmige Riffelung in den Rundstab. Solche Stäbe werden durch Ablängen und Anfasen zu Quellbügeln, die im Möbelbau als ideale Verbindungsart geschätzt werden.

Die automatischen Rundstabfräsmaschinen unterscheiden sich durch einen gesonderten stufenlosen Antrieb für den Vorschub von den Dübelfräsmaschinen. Die Vorschubgeschwindigkeit richtet sich nach dem zu fräsenden Stabdurchmesser und variiert von 4 bis 30 m/min. Mit verstellbaren Messerköpfen kann man Rundstäbe von 10 bis 30 mm, von 30 bis 60 mm und von 40 bis 80 mm Durchmesser fräsen. Da die Stäbe dabei quer zur Faser gefräst werden, wird ihre Oberfläche nicht sehr glatt, und sie müssen, um eine gute Oberflächenqualität zu erzielen, zusätzlich geschliffen werden.

Die Stabfräse arbeitet mit zwei Frässpindeln, die zueinander und in der Höhe verstellbar sind. Bei Stabdurchmessern von 15 bis 30 mm wird jede Fräs-

295 Rundstabschleifmaschine

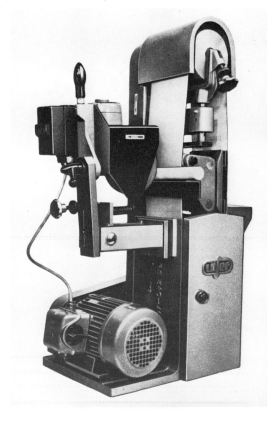

142

spindel mit jeweils zwei Viertelstabfräsern bestückt. Die Fräser greifen sowohl in der Höhe als auch in der Breite übereinander und können dadurch keine Brandspuren am Werkstück durch Reibung hinterlassen. Die Rundstäbe sind allerdings nicht genau rund. Diese Ungenauigkeit ist zwar kaum wahrnehmbar, führt aber zu Störungen in der maschinellen Weiterverarbeitung der Rundstäbe zu Holzperlen und anderen Kleinteilen.

Bei Stabstärken bis zu 2 mm arbeitet man mit zwei Fräsern, die gleichzeitig bis zu 20 Rundstäbe aus dem Holz fräsen. Dabei fräst jeder Fräser die Halbstäbe etwas über die Stabmitte aus dem brettförmig zugerichteten Material heraus. Die Weiterentwicklung dieser zweispindligen Stabfräsen sind Kehlmaschinen, auch Kehlautomaten genannt, mit mehreren waagrechten und senkrechten Arbeitsspindeln. Auf diesen großen Maschinen können beliebige Profile verschiedenster Dimensionen gefräst werden. Das Schleifen der Rundstäbe kann bei geringeren Stückzahlen auf einer kleinen Bandschleifmaschine erfolgen. Dazu wird über dem Schleifband ein luftgefülltes Gummirad angebracht.

Der Vorschub für das zu schleifende Werkstück ist davon abhängig, in welchem Winkel das Gummirad über dem Schleifband befestigt wird. Je größer dieser Winkel, desto größer ist die Vorschubgeschwindigkeit des Werkstückes. Unter dem Schleifband ist eine Auflage, auf der der Rundstab durch das Gummirad angetrieben läuft. Um ausreichende Oberflächengüten zu erzielen, ist die Körnung des Schleifbandes ein bis zwei Stufen feiner zu wählen als es für den Handschliff auf der Drehbank nötig ist. Große Stückzahlen werden auf eigens dafür gebauten Rundstabschleifmaschinen geschliffen.

Die Holzdrehautomaten

Die Entwicklung von Holzdrehautomaten für die Drechslerei lag nahe, da immer wiederkehrende Teile und somit immer wiederkehrende Bewegungsabläufe zum Beispiel bei der Herstellung von Griffen vorkommen.

Genau wie in der Handdrechslerei wird bei den Drehautomaten zwischen drei Arbeitsweisen unterschieden:

1. das Langholzdrehen zwischen den Spitzen
2. das Langholzdrehen ohne Unterstützung des Reitstockes
3. das Querholzdrehen.

Die weitere Untergliederung läßt sich anhand einer Tabelle besser darstellen. Halbautomaten müssen teilweise manuell betätigt werden, bei Vollautomaten braucht lediglich ein Magazin mit den zugeschnittenen Holzkanteln gefüllt zu werden. Auch nach der Steuerungsart, gemeint ist der Bewegungsantrieb für die Werkzeugträger, ist bei den Drehautomaten zu unterscheiden.

Maschinen, die mittels Handkurbel rein mechanisch gesteuert wurden, werden seit Jahren nicht mehr gebaut und sind in der Tabelle unberücksichtigt geblieben. Bei allen Drehautomaten wird zunächst die Form des Werkstückes von einer Schablone auf das Werkstück übertragen. Spitze Einstiche, winkelige und enge Formen werden mit einem Formstahl nachgedreht. Bei Drehautomaten zukünftiger Produktion wird das Vordrehen der Profile nicht mehr über eine Schablone, sondern von einem Lichtstrahl, der eine Zeichnung abtastet, oder numerisch gesteuert erfolgen.

LANGHOLZDREHEN			
ZWISCHEN DEN SPITZEN		OHNE UNTERSTÜTZUNG DES REITSTOCKES	
HALBAUTOMATISCH	VOLLAUTOMATISCH	HALBAUTOMATISCH	VOLLAUTOMATISCH
	• mechanisch gesteuert		• mechanisch gesteuert
• Handhebelbetrieb	• hydraulisch gesteuert	• Handhebelbetrieb	• hydraulisch gesteuert
• mechanisch gesteuert	• pneumatisch gesteuert	• mechanisch gesteuert	

296 Schablonendrehbank. Man erkennt die Schablone, von der die Abtastrolle die Form kopiert (Hempel, CH 4).

297 Kurvenscheiben-gesteuerte Schablonendrehbank

Maschinen zum Langholzdrehen zwischen den Spitzen

Schablonendrehbänke

Diese Drehautomaten sind im Grundaufbau den Handdrehbänken gleich. Links ist ein Spindelstock, rechts ein Reitstock mit einer Pinole, die durch einen Knieknick rastbar ist.

Zwei Einlegebleche ermöglichen es, bei sich drehender Spindel Holzkanteln in die Maschine einzulegen. Eine Verbindung des linken Bleches mit der Pinole ermöglicht das sichere Festspannen der Kantel. Statt der Handauflage bei Drehbänken sind auf diesen Drehautomaten Langdrehsupporte befestigt, die sich parallel zum Werkstück bewegen. Diese Langdrehsupporte nehmen die beiden Stahlhalter, die drehbar gelagert sind, auf. In diesen Stahlhaltern werden die Drehstähle eingespannt. Ein Federzug drückt die Abtaströllchen der Stahlhalter gegen eine Schablone, deren Form sich so im Verhältnis 1:1 auf das Werkstück überträgt, daher die Bezeichnung Schablonendrehbank. Es wird beim Drehen mittels des Langdrehsupportes vom Reitstock zum Spindelstock gearbeitet. Stechsupporte sind hinter dem Werkstück angebracht und

bewegen sich in einem Winkel von 90° zu dem Langdrehsupport. Auf diesen Stechsupporten können Formstähle und Abstechstähle aufgespannt werden, wenn scharfe Kanten, enge Kehlen oder Abrundungen ausgedreht werden müssen.

Damit sich dünne oder lange Teile beim Drehen nicht wegbiegen, werden diese durch einen Lünettring gehalten. Dabei muß eine ständige Schmierung erfolgen.

In der Vergangenheit wurden die einzelnen Bewegungsabläufe durch eine große Kurbel und Handhebel manuell gesteuert. Seit etwa 40 Jahren ist die manuelle Steuerung durch eine ölhydraulische Steuerung ersetzt. Seitdem braucht bei halbautomatischen Maschinen nur noch die Kantel in die Maschine ein- und ausgespannt werden, und je nach Maschinentyp muß der Stechsupport noch manuell bedient werden. Alle anderen Bewegungsabläufe werden von der Hydraulik gesteuert.

Diese Halbdrehautomaten sind sehr vielseitig einsetzbar und erreichen daher auch schnell hohe Maschinenlaufzeiten. Dabei verschleißen gelegentlich einzelne Dichtungen und Kolbenmanschetten der Ölhydraulik. Durch solche Schäden kann Luft in den Ölkreislauf gelangen, und kurzzeitige, ruckartige Bewegungen im Gesamtbewegungsablauf sind die Folge. Dies vermeidet man durch zweimaliges morgendliches Leerlaufen der Maschine.

Vollautomatische Maschinen dieser Art wurden früher mechanisch über Kurvenscheiben gesteuert. Dabei braucht man nur das Magazin mit Holzkanteln zu füllen, und alle anderen Bewegungsabläufe laufen automatisch ab.

Je ein Extramotor ist für die Spindel- und für die Steuerwelle, auf der die Kurvenscheiben sitzen, vorgesehen. Ein stufenloses Getriebe zwischen Motor und Steuerwelle ermöglicht es, die Stückzahl zu variieren. Eine Umdrehung der Steuerwelle erfaßt dabei alle Bewegungen und ergibt ein Drehteil. Durch eine Hohlspindel kann das Teil gleichzeitig gebohrt werden.

Solche Kurvenscheiben-gesteuerten Schablonendrehbänke werden in ersten Linie für kurze Werkstücke wie Griffe und Kurbelheft o. ä. eingesetzt.

Automatische Schablonendrehbänke für große Werkstücke werden durch die hydraulische Steuerung möglich.

Das Zentrieren der Kanteln beim Spannen und die Betätigung der Quersupporte mit den Formstählen, die wahlweise bei Vor- oder Rücklauf arbeiten, laufen hydraulisch ab.

Wegen der großen Zerspanung, bedingt durch die großen Durchmesser, sind auf dem Langdrehsupport bis zu drei Stahlhalter angebracht. Um große Unterschiede im Durchmesser zu drehen, ist eine schablonengesteuerte Regulierung der Vorschubgeschwindigkeit mit integriert.

Neben den Schablonendrehautomaten mit hydraulischer Steuerung gibt es pneumatisch gesteuerte

299   An der Rückseite des pneumatisch gesteuerten Drehautomaten erkennt man den schwenkbaren Greifer, der die ausgespannten Drehteile ablegt. Darüber sind die zwei Stechsupporte befestigt.

Maschinen. Diese sind im Anschaffungspreis günstiger und können an ein im Betrieb vorhandenes Druckluftnetz angeschlossen werden. Die Zylinder werden dabei mit Druckluft angetrieben. Da Luft aber komprimierbar ist, müssen die Pneumatikzylinder für den Langdrehsupport und für die Stechsupporte vermittels eines kleinen hydraulischen

298   Pneumatisch gesteuerter Drehautomat

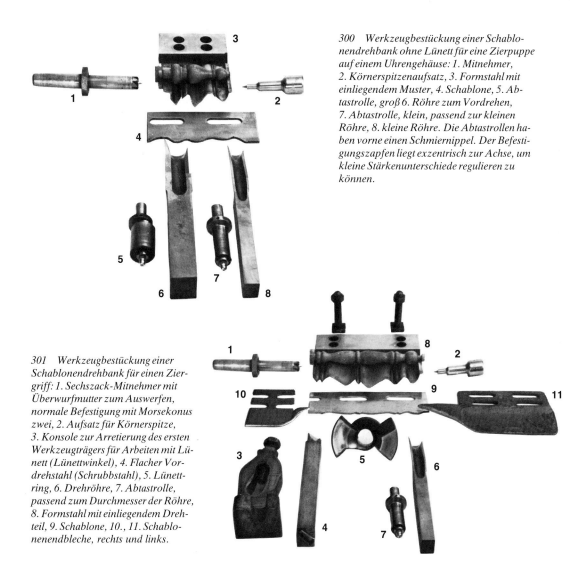

300 Werkzeugbestückung einer Schablonendrehbank ohne Lünett für eine Zierpuppe auf einem Uhrengehäuse: 1. Mitnehmer, 2. Körnerspitzenaufsatz, 3. Formstahl mit einliegendem Muster, 4. Schablone, 5. Abtastrolle, groß 6. Röhre zum Vordrehen, 7. Abtastrolle, klein, passend zur kleinen Röhre, 8. kleine Röhre. Die Abtastrollen haben vorne einen Schmiernippel. Der Befestigungszapfen liegt exzentrisch zur Achse, um kleine Stärkenunterschiede regulieren zu können.

301 Werkzeugbestückung einer Schablonendrehbank für einen Ziergriff: 1. Sechszack-Mitnehmer mit Überwurfmutter zum Auswerfen, normale Befestigung mit Morsekonus zwei, 2. Aufsatz für Körnerspitze, 3. Konsole zur Arretierung des ersten Werkzeugträgers für Arbeiten mit Lünett (Lünettwinkel), 4. Flacher Vordrehstahl (Schrubbstahl), 5. Lünettring, 6. Drehröhre, 7. Abtastrolle, passend zum Durchmesser der Röhre, 8. Formstahl mit einliegendem Drehteil, 9. Schablone, 10., 11. Schablonenendbleche, rechts und links.

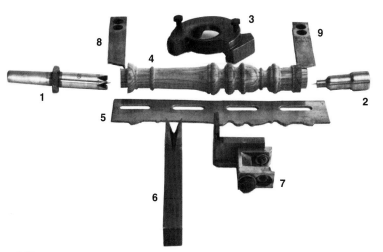

302 Bestückung einer Schablonendrehbank mit Lünett für eine Ziersäule (4) ohne Formmesser für die Profile. Der V-förmige Drehstahl (6) läuft im unteren Teil in einer Rundung mit einem Radius von 2 mm aus. So kann man, wenn es nicht all zu große Stückzahlen sind, ohne die teuren Formstähle auskommen. Daß damit die Kanten in den Profilen nicht scharf werden, ist fast nicht sichtbar. 1. Mitnehmer, 2. Aufsatz für Körnerspitze, 3. Lünettring, 4. Drehteil, 5. Schablone, 6. Drehstahl (V-förmig), 7. Abtaströllchen, r = 2 mm, kugelgelagert, passend für den Drehstahl, 8. Linker Eckstahl für den rechtwinkligen Zapfen, 9. Rechter Eckstahl, beide vom Stechsupport kommend.

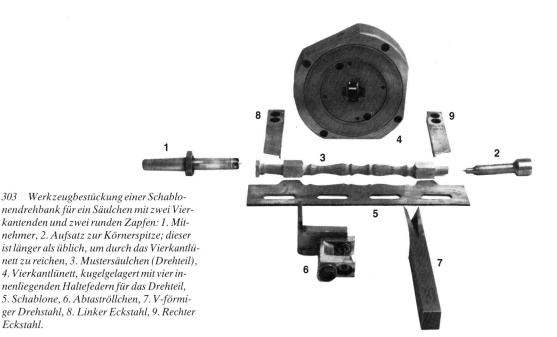

303 *Werkzeugbestückung einer Schablo-*
nendrehbank für ein Säulchen mit zwei Vier-
kantenden und zwei runden Zapfen: 1. Mit-
nehmer, 2. Aufsatz zur Körnerspitze; dieser
ist länger als üblich, um durch das Vierkantlü-
nett zu reichen, 3. Mustersäulchen (Drehteil),
4. Vierkantlünett, kugelgelagert mit vier in-
nenliegenden Haltefedern für das Drehteil,
5. Schablone, 6. Abtaströllchen, 7. V-förmi-
ger Drehstahl, 8. Linker Eckstahl, 9. Rechter
Eckstahl.

Bremszylinders, der einen eigenen Ölkreislauf hat, gebremst werden, damit ein weicher Bewegungsablauf ermöglicht wird.

Alte Schablonendrehbänke, die früher mit der Handkurbel betätigt wurden, können mit einer pneumatischen Steuerung zu Halbautomaten umgerüstet werden. Dafür wird die Handkurbel und die Hebel für die Reitstockpinole und den Quersupport durch Pneumatikzylinder ersetzt, die in richtiger Reihenfolge hintereinander geschaltet werden.

Um eine Schablonendrehbank mit Lünett umzurüsten, sollte man grundsätzlich eine ganz bestimmte Reihenfolge einhalten, um zu vermeiden, daß man häufig nachstellen muß. So geht es am schnellsten:

1. Schrubbstahl, Röhre und Formstähle ausbauen
2. Mitnehmer und Körnerspitze passend wählen und einbauen
3. Länge des Stückes einstellen. Reitstock dabei ohne eingespanntes Stück schließen, Holz danebenhalten und etwa 3 mm kürzer arretieren
4. Einlegebleche auf die Mitte des Holzes ausrichten und festschrauben
5. Lünettring wählen und in den Halter einbauen
6. Den flachen, schräg sitzenden Schrubbstahl schärfen und vor dem Lünett einbauen
7. Tourenzahl prüfen
8. Holz einlegen, zuspannen und Motor laufen lassen
9. Langsamer Vorschub, Schrubbstahl auf genauen Durchmesser des Lünetts bringen
10. Abstellen und auf dem nun gedrehten Rund-

stab und dem Schablonenblech eine Bleistiftmarkierung aufzeichnen
11. Röhre schärfen und einbauen. Abtastrolle muß im Durchmesser zu Röhre passen
12. Support mit Röhre auf die markierte Stelle bringen
13. Schablonenblech so anschrauben, daß die markierte Stelle an der Abtastrolle zu sitzen kommt.
14. Formstähle auf den Stechsupporten befestigen, mit Hilfe eines in die Maschine eingespannten Musters.

Kopierdrehbänke

Die bisher beschriebenen Maschinen sind in ihrer Anschaffung relativ teuer. Sie arbeiten nur dann wirtschaftlich, wenn große Stückzahlen auf ihnen gedreht werden. Langholzdrehteile in geringen Stückzahlen lassen sich nur auf Kopierdrehbänken, bei geringer Umrüstzeit, kostengerecht herstellen. Diese Maschinen sind sehr einfach aufgebaut. Ihr Vorteil liegt darin, daß weder Schablonen- noch Formstähle benötigt werden. Von einem Holzmuster, es kann sogar ein alter Treppenstab sein, kann die Form direkt abkopiert werden. Dies geschieht vermittels eines Kopierfühlers, der leichtgängig das Muster abtastet, ohne es zu belasten. Damit wird der Spitzstahl gesteuert und so die Form auf das Werkstück übertragen. Dabei kann der Durchmesser des Musters vom Durchmesser des zu drehenden Werkstückes abweichen; lediglich die Profile müssen übereinstimmen.

304 Kopierdrehbank mit eingespanntem Musterstab. Der nach unten reichende Fühler steuert die darüberliegende Hydraulik. Der Vorschub des gesamten Aggregats erfolgt durch einen Langhubzylinder.

305 Eine radial greifende Röhre vor dem Lünett schrubbt die Kantel rund, genau passend für das kugelgelagerte Lünett. Eine Lünettschmierung ist daher nicht erforderlich.

Da die Werkzeuge mit ihrer obenliegenden Schneide hinten sitzen, läuft die Maschine in ihrer Drehrichtung rückwärts. Dabei kann man den Drehvorgang gut beobachten. Die Späne werden dabei nach hinten geworfen. Um eine saubere Oberfläche zu bekommen, muß eine höhere Spindeldrehzahl und ein geringerer Vorschub gewählt werden, da der Spitzstahl jede Profiltiefe ausdrehen muß. Für scharfe Kanten oder rechtwinklige Einstiche sind diese Maschinen mit handbetätigten Stechsupporten ausgerüstet.

Die Drechselfräse

Das Arbeitsprinzip der Drechselfräse ist an das der Kopierfräsmaschine für Schuhabsätze und Gewehrschäfte angelehnt. Ein metallbestücktes Fräswerkzeug, ähnlich einem Kreissägeblatt, wird über eine Schablone gesteuert und überträgt so die Form auf das Werkstück. Die Hartmetallbestückung, unterstützt durch den großen Durchmesser, ermöglicht eine hohe Standzeit dieses Werkzeuges. Die hohe Schnittgeschwindigkeit bedingt, daß das Holz in engen Profilen oder bei Astigkeit nicht mehr aus-

306 Drechselfräse

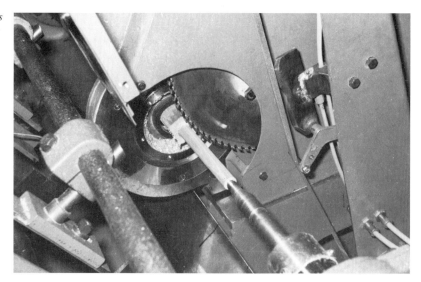

308 Lünettring im Lünettringhalter montiert. Zur
Schmierung ist eine Stauferbuchse angeschraubt.

reißt und eine gute Oberflächenqualität erreicht wird. Mit Zusatzaggregaten können rechtwinklige Einstiche vorgenommen werden. Ein eingebautes Schleifband, das über die gleiche Schablone wie der Fräser gesteuert wird, schleift die Oberfläche direkt nach der formgebenden Bearbeitung. Dabei wird das Schleifband durch Luftdruck pfeilförmig gegen das Werkstück gedrückt.

Das Lünett

Müssen lange Drehteile oder Drehteile mit geringem Durchmesser gedreht werden, die sich beim Drehen vom Drehstahl wegbiegen würden, ist zusätzlich bei den Schablonendrehbänken sowie bei der Kopierdrehbank ein Lünett am Langdrehsupport anzubringen. Das Lünett sitzt zwischen den zwei Stahlhaltern. Der erste Stahl vor dem Lünett ist ein flacher, schräg stehender Stahl, der die Kantel für die Lünettöffnung passend dreht. Einstellungsdifferenzen von nur $\frac{1}{10}$ mm verursachen ein Festbrennen im Lünettring oder ein Vibrieren des Werkstückes. Der zweite Drehstahl, eine Röhre, sitzt direkt hinter dem Lünett und dreht nach der Schablone die Form. Für Teile mit Vierkantprofilen ist ein Lünett mit Vierkanteinsatz zu wählen.

309 Verschiedene Formen
von Lünettringen

Das Langholzdrehen ohne Unterstützung des Reitstockes

Drehmaschinen, die ohne Unterstützung des Reitstockes arbeiten, nennt man Kanteldrehmaschinen. Diese sind für Teile konstruiert, die beim Handdrehen mit dem Spundfutter gedreht würden, also Kugeln, Schubkastenknöpfe, Schachfiguren, Holzperlen, aber auch Eierbecher und Pokale bis 100 mm Durchmesser können mit ihnen gedreht werden. Bei diesen Maschinen gibt es zwei Systeme:

den Stabautomat für kleine Drehteile bis 25 mm Durchmesser und den Kanteldreher, dessen optimaler Arbeitsbereich bei Drehteilen ab einem Durchmesser von 25 mm beginnt.

Der Stabautomat dreht vom vorgedrehten Rundstab die Teile ab, wogegen die eigentliche Kanteldrehmaschine die Werkstücke von der Kantel herunterdreht.

Der Stabautomat

Der Stabautomat ist einer der ältesten Drehautomaten in Drechslereien. Die neuen Modelle dieser Stabautomaten nennt man Miniautomat. Für kleine Drehteile ist dieser Maschinentyp besonders geeignet.

Der Rundstab wird durch eine Hohlspindel dem Spannzangenfutter zugeführt. Bei geöffneter Spannzange wird der Rundstab gegen einen eingeschwenkten Anschlag geschoben. Durch das Schließen der Spannzangen beginnt der Rundstab zu rotieren, und mit Formstählen wird die Form angedreht. Zusätzlich kann vom Reitstock her gebohrt werden. Das fertige Werkstück wird durch einen Abstechstahl abgestochen, während ein zweiter die Stirnseite des Rundstabes sauber dreht. Dabei hinterläßt er wie der Meißel beim Handdrehen einen sauberen, glänzenden Schnitt. Insgesamt sind bei der Maschine bis zu fünf Werkzeuge im Einsatz.

Die Werkzeuge der Drehmaschinen

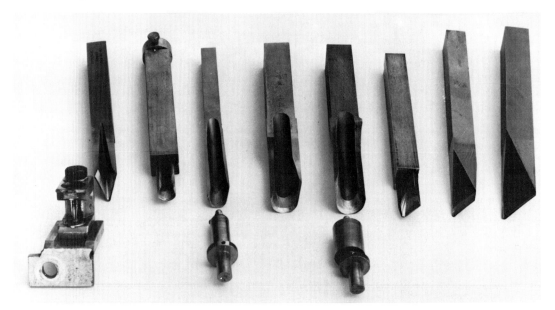

310 Röhren und Meißel der Drehbänke (von links nach rechts): V-förmiger Stahl zum Kopieren enger Profile mit davor liegendem Abtaströllchen. Man kann wie bei einer Spitzstahlmaschine ohne Fassonmesser arbeiten.
Kleine Röhre mit passender Abtastrolle.
Große Röhre von rechts nach links schneidend.
Große Röhre von links nach rechts schneidend mit großer Abtastrolle.
Flacher Meißel vor dem Lünett als Schrubbstahl. Er sitzt schräg in einer zweiteiligen Halterung.
Mittlerer Meißel zum Vorschrubben, massiv.
Großer Meißel zum Schrubben großer Durchmesser.

311 Jede Röhre wird mit einem Einlageblech in die Maschine eingespannt. Dieses Blech schützt das Werkzeug vor Beschädigungen durch die Spannschrauben. Die in die Röhre greifende Zunge hat dabei die Aufgabe, den Spänestrahl in eine gewünschte Richtung, z. B. in den Stutzen der Absaugung, zu lenken.

312 Stabautomat

313 Auf der Abbildung sind vier Werkzeuge gut zu erkennen: Die zwei Abstechstähle von schräg oben auf das Werkstück (in V-Form) kommend. Der hintere Support trägt den Formstahl für einen Abdeckdübel. Der vordere Support ist nicht bestückt.

314 Der Bohrer in der Reitstockpinole wird gesondert angetrieben, damit er nicht abbricht, wenn sich Reststücke des Stabes zwischen den Werkzeugen verklemmen.

315 Kanteldrehmaschine (Hempel, OK10)

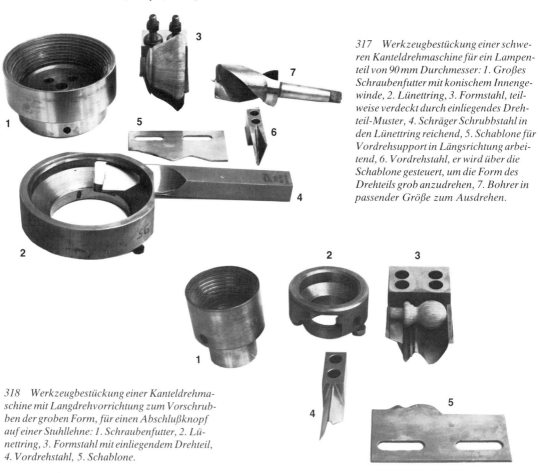

317 Werkzeugbestückung einer schweren Kanteldrehmaschine für ein Lampenteil von 90 mm Durchmesser: 1. Großes Schraubenfutter mit konischem Innengewinde, 2. Lünettring, 3. Formstahl, teilweise verdeckt durch einliegendes Drehteil-Muster, 4. Schräger Schrubbstahl in den Lünettring reichend, 5. Schablone für Vordrehsupport in Längsrichtung arbeitend, 6. Vordrehstahl, er wird über die Schablone gesteuert, um die Form des Drehteils grob anzudrehen, 7. Bohrer in passender Größe zum Ausdrehen.

318 Werkzeugbestückung einer Kanteldrehmaschine mit Langdrehvorrichtung zum Vorschrubben der groben Form, für einen Abschlußknopf auf einer Stuhllehne: 1. Schraubenfutter, 2. Lünettring, 3. Formstahl mit einliegendem Drehteil, 4. Vordrehstahl, 5. Schablone.

316 Details der Drehmaschine (OK 10): 1. Laufende Kantel, 2. Drehteil (Kugel mit Bohrung), 3. Formstahl auf dem hinteren Support, von unten kommend, 4. Vordrehstahl, in Längsrichtung arbeitend, 5. Abstechstahl, 6. Vorderer Support, nicht belegt, 7. Bohrfutter, 8. Fettbüchse für Lünettschmierung, 9. Lünettring, 10. Futter am Spindelstock mit konischem Innengewinde, 11. Schlauch für Fettschmierung zum Lünett, 12. Arbeitsleuchte, 13. Anschlag für den Vorschub, ausgeschwenkt.

Die Kanteldrehmaschine

Die Kanteldrehmaschinen gibt es für Werkstückdurchmesser bis zu 100 mm. Bei der halbautomatisch arbeitenden Maschine wird die Kantel zwischen dem Schraubenfutter mit konischem Innengewinde und dem Lünettring eingelegt. Der Vorschub erfolgt durch ein großes Handrad manuell. Dabei wird die Kantel durch einen Drehstahl vor dem Lünettring rundgedreht.

Eine Fußbremse klemmt den Vorschub während des eigentlichen Drehvorgangs für die Form fest, damit sich das Werkstück dabei nicht verschiebt. Mit Formstählen auf Quersupporten kann die Form gedreht werden. Bei großen Werkstücken ist noch eine Schablonendrehvorrichtung vorgesehen, um große Profiltiefen vorschruppen zu können. Es kann auch das endgültige Profil durch zwei Formstähle gedreht werden. Falls notwendig, wird das Drehteil gebohrt und anschließend abgestochen.

Erfolgen bei der Kanteldrehmaschine die einzelnen Arbeitsvorgänge über Handhebel manuell, wird dies bei dem Kanteldrehautomat hydraulisch gesteuert. Der Vorgänger der hydraulischen Steuerung war eine mechanische, mit Kurvenscheiben ausgestattete Maschine.

319 Die Abstechstähle werden dem Zweck entsprechend verschieden angeschliffen: Linker Stahl, noch im Halter sitzend, ist einseitig angeschliffen für den Universalgebrauch. Mittlerer Stahl, hat eine gebrochene Schneidkante, die eine messerartige Wirkung hat. Der Stahl hinterläßt einen glänzenden glatten Schnitt an der Hirnseite des Holzes. Rechts: Zweiseitig schneidender Abstechstahl für tiefere Einstiche. Er verspant gut und schneidet sauber.

Die Abbildungen 317, 318 erläutern die notwendige Werkzeugbestückung einer Kanteldrehmaschine. Durch den Vordrehsupport hat der Formstahl weniger zu zerspanen, und seine Schneide hält länger. Er kann, wenn das Profil tief ist, besser in der tangentialen Stellung angreifen und erübrigt somit den üblichen zweiten Formstahl zum Vordrehen.

Das maschinelle Querholzdrehen

Das maschinelle Querholzdrehen ist noch nicht sehr verbreitet, da die Investitionskosten hoch sind. Bei den Querholzdrehmaschinen werden die zu drehenden Teile fast immer mittels eines Vakuumfutters gespannt. Große Werkstücke können zusätzlich mit einer Gegenspitze gehalten werden.

Das Vakuumfutter bedingt, daß die Brettchen einseitig gehobelt sein müssen, um einen guten Sitz an dem Vakuumfutter zu erzielen. Je nach Werkstückdurchmesser werden diese Brettchen dann viereckig, achteckig oder auf der Bandsäge rund ausgesägt.

Voraussetzung beim Querholzdrehen ist, daß immer mit scharfem Werkzeug gearbeitet wird. Ob die Maschine mit Handkurbel und Handhebel bedient wird oder ob die Arbeitsvorgänge automatisch ablaufen, das Arbeitsprinzip ist dabei dasselbe.

Durch zwei Supporte wird im ersten Arbeitsgang das Werkstück rundgedreht. Seitliche Profile können ebenfalls vom hinteren Support mit Formstählen eingedreht werden. Auf einem vorderen Längsschlitten mit einem Quersupport ist ein Drehstahl angebracht, der über eine Schablone gesteuert wird. Ist das Werkstück zusätzlich mit der Pinole mittig gespannt, muß diese, um den letzten Span auszudrehen, zurückgezogen werden.

Die Oberflächenbearbeitung

Wurden im ersten Teil des Buches die Grundsätze der Oberflächenbearbeitung erläutert, sollen im folgenden die Anforderungen und Verfahren, die beim Lackieren großer Stückzahlen notwendig sind, beschrieben werden.

Da die Entwicklung der Wasserlacke, bei denen Wasser das Lösungsmittel ist, noch nicht so weit fortgeschritten ist, daß diese in großen Mengen in der gewerblichen Fertigung problemlos eingesetzt werden können, werden bisher die Nitrocelluloselacke, die Desmodur-/Desmophenlacke und die säurehärtenden Lacke verwendet. Dabei ist Nitrocelluloselack der am häufigsten eingesetzte Lack.

Aufgrund der Verarbeitungsmengen in gewerblichen Betrieben müssen für solche Arbeiten eigene Räume eingerichtet werden. Da beim Trocknungsvorgang das Lösungmittel verdunstet, kann es mit Luft ein explosives Luft-Gas-Gemisch bilden.

Wegen der erhöhten Brandgefahr wird die Bauweise solcher Räume in den Landesbauordnungen genau festgelegt. Neben diesen Bauvorschriften

kommt es auch auf die richtige Einrichtung dieser Räume an. Um das Luft-Gas-Gemisch der Lösungsmittel aus dem Raum zu entfernen, sind geeignete Absaugvorrichtungen zu installieren. Da die Lösungsmittel schwerer als Luft sind, strömen sie zu Boden, wo sie abgesaugt werden können. Entsprechend der installierten Absaugleistung muß dafür Sorge getragen werden, daß ausreichend viel frische Luft über ein Zuluftaggregat wieder in den Raum gelangt.

Da die Lösungsmittel besonders beim Trocknen frei werden und nicht beim eigentlichen Lackieren, muß die Absaugvorrichtung während des Trocknens mit verminderter Leistung weiterlaufen und darf nicht nach dem Ende der Lackierarbeiten abgeschaltet werden.

Eine wichtige Voraussetzung für gute Oberflächenergebnisse ist das richtige Raumklima, gerade dann, wenn im Tauchverfahren lackiert wird. Zugluft, hohe Raumtemperaturen oder direkte Sonnenbestrahlung lassen die oberste Lackschicht schneller trocknen als die unteren Lackschichten. Die Lösungsmittel dieser unteren Schichten verdunsten und blasen die zu schnell gummiartig angetrocknete obere Lackschicht auf. Die Beheizung des Raumes erfolgt am besten durch Heizkörper, auf denen allerdings keine Lackgebinde abgestellt werden dürfen. Eine zu hohe Luftfeuchtigkeit führt dazu, daß die Oberfläche der lackierten Teile matt wird oder weißlich anläuft. Daher ist ein Hygrometer, welches die relative Luftfeuchtigkeit mißt, unerläßlich.

Sollte die Luftfeuchtigkeit zum Lackieren zu hoch sein, heizt man, um das richtige Raumklima herzustellen.

Sollte aber trotzdem eine mit Nitrolack lackierte Oberfläche einmal blind geworden oder weiß angelaufen sein, kann man sich dadurch helfen, daß die Teile bei richtigem Klima entweder mit Verdünnung gespritzt oder in Verdünnung getaucht werden.

Das Spritzen

Sofern keine Massenartikel lackiert werden müssen, hat sich das Spritzverfahren weitestgehend durchgesetzt. Die einzelnen Verfahren beim Spritzen wurden bereits erläutert. Es bleibt nur darauf hinzuweisen, daß das elektrostatische Spritzen in Drechslereien sehr geeignet ist, da mit diesem Verfahren besonders runde Teile und Werkstücke mit ausgeprägten tiefen Profilen gleichmäßig gespritzt werden können.

320 *Zum Tauchen werden die Drehteile auf Stahlnadeln gesteckt.*

321 *Aufstecken der Drehteile mit Druckluft*

Das Tauchen

Das Tauchen ist für Massenartikel die gebräuchlichste und zeitsparendste Technik zu lackieren.

Beim Tauchen unterscheidet man zwischen dem Handtauchen und dem Tauchen mit dem Tauchapparat. Welches Verfahren eingesetzt wird, hängt vom Artikel ab.

Bevor man mit dem Tauchen beginnt, müssen die Drehteile auf Stahlnadeln gesteckt werden, die in Holzleisten befestigt sind. Je nach dem Durchmesser der Teile können vier, sechs oder acht Stahlnadeln auf einer Holzleiste sein. Sollen die Stirnseiten der Werkstücke nicht mit Nadeleinstichen versehen sein, nimmt man Nadeln mit Doppelspitzen, die seitlich am Werkstück eingestochen werden.

Die zu lackierenden Werkstücke werden entweder von Hand mit einem Holzhammer oder mit Druckluft auf die Nadeln gesteckt. Die seitlich haltenden Doppelspitzen werden mit einer Zange oder einer Druckluftzange in das Holzteil gedrückt.

Für das Handtauchen benötigt man ein Gestell, in das die getauchten Werkstücke gehängt werden können. Ein Ablaufblech in diesem Gestell läßt den Lack zurück in den Behälter fließen. Da dieser Lack mit Luftblasen vermischt ist, ist im Lackbehälter ein Blech aufgehängt, das den Tauchbehälter blasenfrei hält.

Gelangen dennoch einmal kleine Blasen auf die Lackoberfläche, fährt man einmal mit dem Blech im Behälter darüber, und die Oberfläche wird wieder blasenfrei.

322 *Gestell zum Aufhängen der zu tauchenden Drehteile*

Damit sich durch das Abtropfen und Zurückfließen des Lackes nicht Blasen bilden, muß das verflüchtigte Lösungsmittel durch Beimischen neuer Verdünnung ersetzt werden.

Man gibt entweder Regulierungsmittel, Beschleuniger oder normale Nitroverdünnung zu.

Die getauchten Werkstücke hängen so lange in dem Gestell mit dem Ablaufblech, bis von ihnen kein Lack mehr abtropft. Dann werden sie getrocknet,

323 *Unter den aufgehängten Drehteilen befindet sich ein Rohr mit Gebläse. Dies hat die Aufgabe, die Lösungsmitteldämpfe über dem Boden durch Längsschlitze abzusaugen.*

wobei sich unten meist ein Lacktropfen bildet. Bei kleinen Teilen kann man dies durch das Stellen der Teile zum Trocknen verhindern, da der Tropfen dann verlaufen kann.

Die Aufgabe der Tauchapparate ist es, die Werkstücke ganz langsam und gleichmäßig aus dem Lack zu ziehen. Der Lack ist so dickflüssig zu halten, daß eine möglichst dicke Lackschicht erreicht wird.

Tauchapparate gibt es mit mechanischem Antrieb, mit hydraulischem Bremszylinder und mit elektrischem Antrieb. Der mechanische Antrieb wird von Hand aufgezogen.

Um einwandfreie Oberflächen zu erzielen, sind immer zwei Arbeitsgänge notwendig: Der Grundlack ist so eingestellt, daß er nicht ganz durchhärtet, damit der Überzugslack später keine Risse bekommt.

Auch die Metalliceffekte werden mit zwei Lackierungen hergestellt. Der Grundlack enthält Metallpartikel und den Farbstoff. Der zweite Lack ist ein Klarlack, der sehr dickflüssig ist. Er erst bewirkt durch einen chemischen Prozeß die kräftig leuchtende Farbe mit dem Metalliceffekt. Es gibt jedoch auch Lacke, in die das Werkstück nur einmal getaucht werden muß.

Oft wird versucht, eine Holzmaserung durch das Tauchverfahren nachzuahmen. Dieser Maserungseffekt wird mit dickflüssigem matten Einmal-Tauchlack erreicht. Dieser Lack hat den Vorteil,

das Holz edler erscheinen zu lassen, und er überdeckt auch unsauber bearbeitete Stellen.

Auf die Lackoberfläche im Tauchbehälter wird Maserierfarbe geträufelt und mit einem kleinen Rechen verteilt.

Vor jedem erneuten Eintauchen muß die Maserierfarbe wieder aufgeträufelt und verteilt werden. Die Tauchgeschwindigkeit wird im allgemeinen mit 13 cm/min angegeben. Sie ist aber von der Viskosität des Lackes abhängig und darf somit nie größer sein, als der Lack fließen kann.

Durch zu schnelles Tauchen bleibt zuviel Lack hängen, der mit Blasen abläuft.

Bei Hirnholzpartien können durch zu dünnen Lack ebenfalls Blasen entstehen.

Um dem entgegenzuwirken, spritzt man Verdünnung in einer Spritzpistole über die noch weichen Blasen. Auch die Lackoberfläche des Tauchbehälters kann man so blasenfrei halten.

Das Trommeln

Kleine Teile wie Kugeln, Halmafiguren und Knöpfe schleift und lackiert man in Trommeln. Für jeden Arbeitsvorgang wie Schleifen, Lackieren oder Polieren benötigt man einen eigenen Einsatz mit einem dem Verwendungszweck entsprechenden Deckel auf der Trommel. Zum Lackieren ist der Deckel in der Mitte offen, um den Lack einzufüllen, zum Schleifen nimmt man einen Gitterrostdeckel, damit Späne und Schleifstaub herausfallen können.

Das Schleifen in der Trommel

Zum Schleifen füllt man die Trommel zu zwei Dritteln mit Drehteilen. Die Trommel läßt man so lange laufen, bis die Schleifqualität ausreichend ist. Damit die Oberflächen glatt werden, kann man zusätzlich einen gestrichenen Teelöffel Talkum in die Trommel geben.

Die Laufzeit der Trommel richtet sich nach der Größe der Teile. Je größer diese sind, um so kürzer wird die Laufzeit und um so mehr muß die Trommel gefüllt werden, damit das Schleifgut, besonders bei kantigen Teilen, nicht zu sehr aneinanderschlägt.

Für einen besseren Schliff gibt man alte Schleifpapierreste und alte Schleifbänder mit in die Trommel. Vor dem Lackieren müssen die Teile mit Preßluft vom Schleifstaub gereinigt werden.

Wachsen in der Trommel

Massenartikel, die möglichst billig sein müssen, werden nicht lackiert, sondern in der Trommel gewachst. Dazu nimmt man weißes Bohnerwachs

324 Zum Trocknen aufgestellte Drehteile

325 Tauchapparat mit mechanischem Antrieb

und gibt in eine zu drei Vierteln gefüllte Trommel etwa einen Eßlöffel dieses Wachses mit hinein. Es verteilt sich, und durch den Gitterrostdeckel verflüchtigt sich das im Wachs enthaltene Terpentin. Die Trommel muß so lange laufen, bis sich die Teile gegenseitig blank gerieben haben.

Lackieren in der Trommel

Vor dem Lackieren ist der dafür vorgesehene Trommeleinsatz einzubauen, in dem nicht gewachst worden sein darf, da Wachs und Lack miteinander chemisch reagieren. Vor dem Lackieren werden die Teile mit Druckluft vom Schleifstaub gereinigt und die Trommel zu einem Viertel mit Teilen gefüllt. Dann wird bei laufender Tromel etwa 0,1 bis 0,2 l Lack langsam eingefüllt. Nach kurzer Zeit ist der Lack verteilt und beginnt zu trocknen. Wenn der Lack noch nicht getrocknet ist, werden die Teile auf ein großes Sieb geschüttet und verteilt. Man läßt sie auf dem Sieb trocknen und wiederholt die Prozedur, wenn die erste Lackschicht durchgetrocknet ist. Sollten die Teile zu stark verkleben, kann man einige Tropfen Polieröl beigeben. Wird zuviel Lack in die Trommel gegeben, bilden sich unschöne Lackverkrustungen auf den Werkstücken. Eine absolut glatte Lackoberfläche wird mit dem hier beschriebenen Verfahren allerdings nicht erreicht.

Das Polieren in der Trommel

Vor dem Polieren werden die Werkstücke mit 180er Schleifpapier in der Trommel geschliffen; dabei ist die Trommel zur Hälfte gefüllt. Dann wird das Schleifpapier herausgelesen und das Schleifgut mit Druckluft vom Schleifstaub gereinigt. Zum Polieren darf die Trommel nur zu einem Viertel gefüllt sein. Während sie läuft, werden etwa 3 cl unverdünnte Schellackpolitur hinzugegeben.

326 Trommel zum Schleifen mit Gitterrostdeckel

Literaturhinweis

Begemann, Helmut F., Was ist Holz?, Gernsbach 1977
ders., Lexikon der Nutzhölzer, Mering 1969
Born, Erwin, Die Kunst zu drechseln, 2. Auflage, München 1984
Dahms, Klaus-Günther, Kleines Holzlexikon, Stuttgart 1978
ders., Afrikanische Exporthölzer, Stuttgart 1979
ders., Asiatische, ozeanische und australische Exporthölzer, Stuttgart 1982
Gottwald, Helmut, Handelshölzer, Hamburg 1958
Hausen, Björn M., Holzarten mit gesundheitsschädigenden Inhaltsstoffen, Stuttgart 1973
Holz und Elfenbein – Deutsche Drechslerzeitung, Hg. v. Verlagsanstalt GmbH Düsseldorf
Hustede, Klaus, Die Schnittholztrocknung, Stuttgart 1979
König, Ewald, Sortierung und Pflege des Holzes, Stuttgart 1956
Lohmann, Ulf, Handbuch Holz, Stuttgart 1980
Merkblattreihe Holzarten, Hg. v. Verein Deutscher Holzeinfuhrhäuser e. V., (Blatt 1–68) Hamburg
Nutsch, Wolfgang, Fachkunde für Schreiner, Wuppertal 1980
ders., Handbuch der Konstruktion, Stuttgart 1973
Rushforth, Keith, Bäume, Stuttgart 1981
Sicherer Umgang mit Holzbearbeitungsmaschinen, Hg. v. Holzberufsgenossenschaft – Technischer Aufsichtsdienst, München 1977
Spannagel, Fritz, Das Drechslerwerk, Ravensburg 1940

Adressenverzeichnis

Die folgenden Verbände und Organisationen können weitere Informationen oder Händlernachweise geben:

Arbeitsgemeinschaft Holz e. V.,
Fullenbachstr. 6, 4000 Düsseldorf 30

Bundesverband Deutscher Holzhandel e. V.,
Steubenstr. 17 / Postfach 1867, 6200 Wiesbaden

Fachgemeinschaft Holzbearbeitungsmaschinen im Verband Deutscher Maschinen- und Anlagenbau (VDMA) e. V.,
Lyoner Str. 18, 6000 Frankfurt 71

Fachverband Werkzeugindustrie e. V.,
Elberfelder Str. 77, 5630 Remscheid

Verband des Deutschen Drechslerhandwerks e. V.,
Postanschrift: Kreishandwerkschaft Fürth,
Fürther Freiheit 6 / Postfach 132, 8510 Fürth

Verein Deutscher Holzeinfuhrhäuser e. V.,
Heimhuder Str. 22, 2000 Hamburg 13

Vereinigungen von Holzbearbeitungsmaschinenhändlern:

Eumacop, Siemensstr. 7 / Postfach 1129, 6073 Egelsbach

Gewema, Siemensstr. 16, 3550 Marburg

Herstellernachweis	Drehbänke	Spannwerkzeuge	Handwerkzeuge zum Drehen	Drehbankzubehör	Schleifböcke / Schleifscheiben	Abziehsteine zum Werkzeugschärfen	Meßwerkzeuge	Löffelbohrer	Handdübelfräser	Kluppe / Schneidbolzen
Geiger Drehbänke, Fa. Günter Wagner Speyerer Straße 16, 6832 Hockenheim	×	×		×						
Fa. Hapfo Thierseestraße 22, 8205 Kiefersfelden	×	×	×	×			×	×		
Fa. Killinger GmbH Landsberger Straße 37, 8034 Germering	×	×	×	×			×			
Fa. König GmbH Eisenbahnstraße 3, 4410 Warendorf	×	×		×						
Drechselzentrum Essen Ruhrbruchshof 5, 4300 Essen 14	×	×	×	×						
Fa. Carl Heidtmann Rather Höhe 6, 5630 Remscheid/Hasten			×				×			×
Fa. Panhans Anton-Günther-Straße 3–7, 7480 Sigmaringen									×	
Fa. Wilhelm Rolf Betz Postfach, 6342 Haiger-Allendorf					×	×				
Fa. Anton Grupp Aalener Straße 76, 7082 Oberkochen										×

Angegeben ist die Textstelle, wo der jeweilige Begriff
ausführlich behandelt wird.

Bildnachweis

Firma Geiger, Ludwigshafen   Abb. 36
Firma Löser, Speyer   Abb. 295
Firma Zuckermann, Wien   Abb. 306, 307
Alle anderen Fotos stellte Robert Gombert zur
Verfügung, die Grafiken zeichnete Franz-Herbert
Wilkowsky